刘辉·著

认同理论

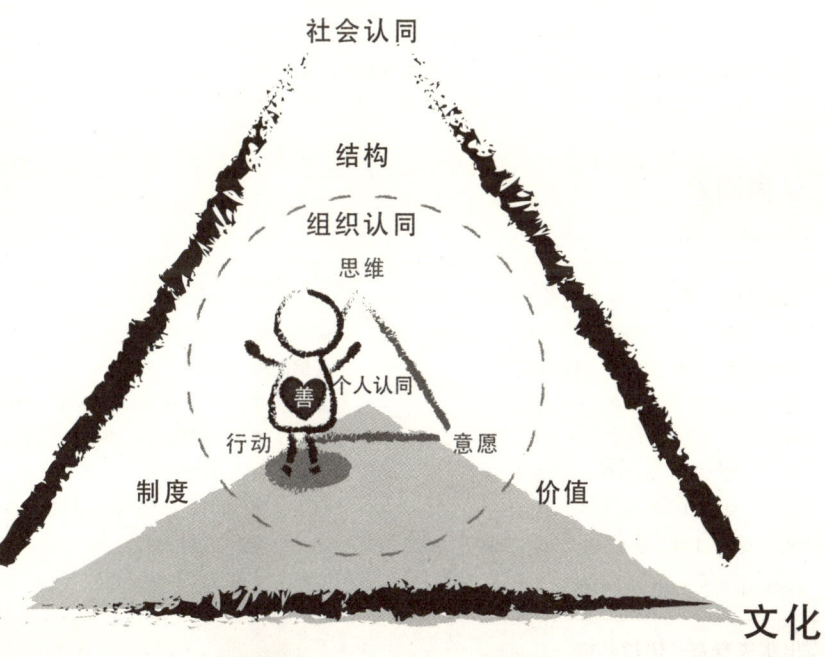

经济

社会认同

结构

组织认同

思维

善 个人认同

行动　　意愿

制度　　　　价值

政治　　　　　　　　　　文化

知识产权出版社
全国百佳图书出版单位

图书在版编目（CIP）数据

认同理论 / 刘辉著 . —北京：知识产权出版社，2017.1
　　ISBN 978-7-5130-4569-8

　　Ⅰ. ①认… Ⅱ. ①刘… Ⅲ. ①社会心理学—研究
Ⅳ. ①C912.6-0

中国版本图书馆 CIP 数据核字（2016）第 264517 号

内容提要

本书通过对个人、组织和社会组成要素的分析，认为认同作为一种思想和理论普遍存在于人类社会中。个人认同是整体认同的基础，需要每个人通过自身的身体、大脑和心灵的反复实践，来逐步提高自身真善美的境界，最终实现行动、思维和意愿的协调，成为社会和谐的基本单位。组织认同通过制度建设和合理的组织结构，最终实现组织价值，为个人提供生存发展的平台。社会认同通过政治和经济之间的相互促进，形成良好的社会文化。

本书不仅是一本对认同理论全面总结和阐述的理论著作，也为个人、组织和社会的健康良性发展谋得了可行性途径，对于当前中国的社会发展和转型具有一定的现实意义。

责任编辑：纪萍萍　　　　　　　　　**责任校对：谷　洋**
图文设计：谢多丽　　　　　　　　　**责任出版：刘译文**

认同理论

刘　辉　著

出版发行：知识产权出版社有限责任公司	网　　址：http://www.ipph.cn
社　　址：北京市海淀区西外太平庄 55 号	邮　　编：100081
责编电话：010-82000860 转 8387	责编邮箱：jpp99@126.com
发行电话：010-82000860 转 8101/8102	发行传真：010-82000893/82005070/82000270
印　　刷：三河市国英印务有限公司	经　　销：各大网上书店、新华书店及相关专业书店
开　　本：720mm×1000mm　1/16	印　　张：14.25
版　　次：2017 年 1 月第 1 版	印　　次：2017 年 1 月第 1 次印刷
字　　数：190 千字	定　　价：49.00 元

ISBN 978-7-5130-4569-8

出版权专有　　侵权必究
如有印装质量问题，本社负责调换。

目　录

引言　幸福的源泉 …………………………………………………… 1

第一章　认同理论概述 ………………………………………………… 9
　第一节　认同的内涵与特征 ………………………………………… 9
　第二节　认同的思想渊源 …………………………………………… 27
　第三节　认同的价值和意义 ………………………………………… 41
　第四节　认同理论的简要概括 ……………………………………… 47

第二章　建立认同 ……………………………………………………… 65
　第一节　认同建立的背景与条件 …………………………………… 65
　第二节　认同建立的必然性和可能性 ……………………………… 71
　第三节　认同的划分和标准 ………………………………………… 83
　第四节　三个层次之间的关系 ……………………………………… 91

第三章　解析认同型个人 …………………………………………… 105
　第一节　个人认同的内涵和特征 ………………………………… 105
　第二节　个人认同的历史梳理 …………………………………… 117
　第三节　个人认同的本质和核心 ………………………………… 127
　第四节　个人认同的发展方向 …………………………………… 135

第四章　解析认同型组织 …………………………………………… 143
　第一节　组织认同的内涵与特征 ………………………………… 143
　第二节　组织认同的历史梳理 …………………………………… 149
　第三节　组织认同的本质与核心 ………………………………… 159
　第四节　认同型组织在中国的发展方向 ………………………… 165

第五章　解析认同型社会 …………………………………………… 169
　第一节　认同型社会的内涵与特征 ……………………………… 169
　第二节　认同型社会的历史梳理 ………………………………… 177
　第三节　认同型社会的本质与核心 ……………………………… 185
　第四节　认同型社会的发展方向 ………………………………… 197

结语：认同理论的现实思考 ………………………………………… 207

参考文献 ……………………………………………………………… 222

引言　幸福的源泉

我是谁？我从哪里来？我到哪里去？

无论是在人潮涌动的繁华都市，还是在山高林密的自然环境，我们都不是独立的存在，都是整个世界的组成部分。虽然我们和整个宇宙相比，只是一个微粒和尘埃，但是我们能够深深地感觉到，我们和宇宙是一体的。宇宙所有的物质和能量，都是起源于137亿年前的那次爆炸，我们只是宇宙扩张过程中，某一个时点和地点的碎片。

认识到我们只是宇宙的碎片，也就找到了应该追求完整自己的起点。从我们的内心出发，可以感觉到我们自身的思维，可以看到我们赖以存在的身体，还可以看到周围像我们一样的人类，以及形形色色的动植物、美丽的山川河流、宽阔的海洋和遥远的星空。我们不是孤独的存在，而是作为一个整体享受着生命的历程。

在现代社会中，哪怕是无政府主义者也不能脱离组织和社会而存在，即使瓦尔登湖畔的梭罗[①]也要最终回到凡间。虽然我们承认"每个人都是自己王国的国王，与这个王国相比，沙皇帝国也不过是一个卑微小国，犹如冰天雪地中的小雪团"，但是如果没有分工和秩序所形成的组织和社会，恐怕我们每个人都难以生存。

我是谁？我是浩瀚宇宙的一个微粒。

我从哪里来？我来自137亿年的漫漫旅途。

[①] 亨利·戴维·梭罗（Henry David Thoreau，1817—1862），美国作家、哲学家，超验主义代表人物。梭罗才华横溢，被称为自然随笔的创始者，其文简练有力，朴实自然，富有思想性，在美国19世纪散文中独树一帜。其代表作《瓦尔登湖》在美国文学中被公认为是最受读者欢迎的非虚构作品。

我将要到哪里去？我要回归于整体。

把自己看作一个整体，而不是肉体和精神相互割裂，我们不应整天在忧郁阴暗的色调中生活，而是去寻求生命中真实的表达。把我们和别人看作一个整体，就不应充满猜忌和怀疑，而是去寻求生命中善意的友爱和信任。把自己和环境看作一个整体，就不应去损害我们赖以生存的世界，而是去发现生命中更多的美。

我们要向自己的思维求"真"，要向自己的意愿求"善"，要向自己的行动求"美"，要追求自身、他人和自然在真善美上的统一。这种在万物一体理念的基础上，实现个人、组织和社会真善美统一的境界，我们定义为认同。这种对于真善美的实现过程，我们称之为认同过程。

认识到我们是世界的一部分，需要感知我们内心的意愿，寻求善的引导；需要转化我们的思维，寻求真的表达；需要采取实质性的行动，寻求美的实现。通过真——思维的协调，把善的意愿和美的行动结合起来；在思维的牵引下，我们不断地观察和下沉，实现我们和其他人的组织认同，实现和全体人的社会认同，实现个人、组织和社会的连接。

我们为什么要实现自身的认同？

因为我们天然具有对真善美的追求。

怎样实现真善美？

我们和世界是一个整体，能够和更多的人连接起来才能实现真善美。

怎样和其他人连接起来？

心与心相互结合，通过外在行动上的美，展示我们内心意愿上的善。

怎样才能实现我们意愿和行动的一致？

实现认同。

认同在个人而言是一种发自内心的接受和追随，是行动和意愿之间的统一，这种统一不是自然实现的，而是思维有意识进行联系和平衡的结果。行动所代表的身体、思维所代表的大脑和意愿所代表的心灵三者之间，随时间和环境转化，不断进行反思，是实现认同的基本方法和途径。

现代科学的发展，生活的压力，使得很多人产生了信仰危机，由于挫折而失落，人们对生命的意义也产生了疑问。只有回到自身求真、与人为善、世界唯美的万物一体思想，实现认同，才能获得生命的本来意义。

现代社会不仅需要个人实现认同，实现自身意愿和行动的统一，还需要组织（一部分人）和社会（全部人）也实现认同，也就是实现认同型组织和认同型社会。

在组织中，每个人都有自己的行动方式，制度就是所有人行动的总和，构成了"美"的秩序；每个人都有自己的思维方式，结构和流程就是所有人思维的总和，构成了"真"的联系；每个人都有自身的意愿，价值就是所有人意愿的总和，构成了"善"的融合。组织对于制度、结构和价值之间的平衡，构成了组织的认同。

站在社会的角度，不同组织有不同的制度，所有的制度汇集和行动起来就是政治；不同组织有不同的结构和流程，所有的结构和思维汇集起来就是经济；不同的组织有不同的价值理念，所有的价值和意愿汇集起来就是文化。社会对于政治、经济和文化之间的平衡，构成了社会认同。

认同就像很多美好的事物一样，平常我们可能感觉不到它的存在，但是当我们失去的时候，我们才知道它的重要。认同可能不会直接给我们带来财富或者权力，但是却能够使我们获得方向和力量。当个人的行为和意愿出现冲突，组织的制度和价值出现冲突，社会的政治和文化出现冲突，个人、组织和社会就陷入认同缺失的泥淖。如果我们视而不见，我们将会逐步失去曾经拥有的一切。

无论我们对未来有多少疑惑，但是回顾历史，我们不得不承认人类总体是在不断进步的，这是人类整体的胜利。这种胜利来源于人类内心中对真善美的追求，更来源于实现认同后人类对真善美的表达。

我们不能成为一个知行不一的人，也不能寄身于一个分裂的组织，更不能生存在一个割裂的社会。历代先贤，无论他们的观点多么对立，时代相隔多么久远，对于人类真善美的追求是深信不疑的。只有实现认同，我们才能找回自身的幸福、组织的温暖和社会的美好，才能塑造一个人间天堂。

认同这棵树在不同的层面上有不同的果实，对于个体，就是认同型个人；对于组织，就是认同型组织；对于社会，就是认同型社会。这三者是相互关联的。我们虽然不能左右组织和社会，但是我们可以从个人认同做起，促进组织和社会认同的建设。

人类社会的层级结构短期内是很难改变的，但人和人的关系可以优先改变。从认同型组织到认同型社会，每个人与人为善的意愿是相同的，就能得到在组织价值和社会文化层面的"同"；每个人实现美好的行动是相同的，就能得到在组织制度和社会政治层面的"同"；每个人求真务实的思维是相同的，就会得到每个人在组织结构和社会经济中合适的位置。强调个体权利在组织制度和价值层面的"同"，与在组织结构和流程层面的"不同"位置结合起来，从而实现组织认同。同样的情况，个人的认同和组织、社会的认同本质是一致的，拒绝内在的分离和外在的冲突是认同规律在微观和宏观上的不同反应。

人类的强大是作为整体的强大，一万年前，弱小的人类为抵抗野兽的侵袭和获得更多的食物，自行结伴，相互依存。聪明的他们知道，只有和更多的人结成一体，才能够使自己变得更加强大。

社会不能碎片化，中国社会发展到现在，因为经济的发展导致了结构的复杂和思维的多元化，如何实现认同已经不是一个可有可无的事情，而是前进中必须要跨越的一步。这一步跨过去，将会迎来一个无可限量的未来，跨不过去，将会是一个黯淡的歧途。

个人实现认同不一定能够带来成功，但是一定会增强我们自身的幸福；组织实现认同不一定能够带来利益，但是一定会增强组织的竞争力；社会实现认同不一定能够带来富裕，但是一定会促进社会的和谐。希望有更多的人能够接受认同、实现认同、传播认同，为增进人类的福祉提供一条可行的选择。

你幸福吗？这是个大问题。

普林斯顿大学的汉内斯·施瓦德①博士对幸福进行了研究，他的研究方向是年龄和幸福的关系。研究显示，23岁时人们会达到对生活满意度的高点。此后几十年中，人们对生活的期望会越来越低，直至55岁左右时满意度降到最低点，他们后悔没有在自己状态最好的时候实现曾经的梦想。但过了55岁，满意度曲线又会重新上升，在69岁时重回巅峰状态。

施瓦德博士认为：无法满足的欲望催生了生活的U形曲线，这种痛苦在中年时期尤为强烈，但随着人慢慢变老，放弃一些追求，便又重新快乐起来了。

施瓦德博士的结论基本是正确的，人在23岁之前是青少年时期，之所以满意和幸福，是因为这段时间人们只是在为将来的工作做准备。23岁左右，人们要接受组织和社会的检验，在劳动的过程中，人们开始发生分化，有的人开始享受生活，不再追求更高的目标，也很多人不甘心自己现有的社会地位，开始寻求向社会金字塔的顶部努力。或许是每个人的能力不同，或许是金字塔尖没有太多的位置，只有少数人才会取得世俗意义上的成功，于

---

① 汉内斯·施瓦德：博士，本在美国普林斯顿大学工作，现在在伦敦客座研究员。

是在多次努力失败之后，大多数人进入到了痛苦的谷底。一直努力到 55 岁准备退休，开始准备接受即将步入老年的现状，噩梦方醒，无疑这是一段最为痛苦的时期。

55 岁之后，人们在现实面前调整了自身意愿，终于放弃了爬上塔尖的梦想，离开了工作岗位，又重新找回自我，幸福的感觉开始回升。等到了69 岁（中国人认为这就是 70 虚岁），"人到七十古来稀"，幸存者看着很多成功人士坟头上的荒草，再拍拍自己的一副好身板，自然又开始觉得开心起来。

1988 年，美国哥伦比亚大学的霍华德金森①博士做了一个关于幸福感的课题。他在 5000 多张有效问卷中，发现仅有 121 人感觉自己非常幸福。通过他对这 121 人进行深入分析，发现其中 50 人是成功人士，71 人是普通人，于是他得到了关于幸福的结论：这个世界上有两种人最幸福，一种是淡泊宁静的普通人，一种是功成名就的成功者。

2009 年，霍华德金森又对当年的 121 人重新进行了问卷调查，当年的 71 人已经有两人去世，剩余的 69 人大多数还是过着平凡的日子，还是感觉非常幸福。而另外 50 名成功者只有 9 人还是感觉自己非常幸福，另外的人大多选择了"一般"、"痛苦"，或者是"非常痛苦"。

霍华德又得到了关于幸福的新结论：所有靠物质支撑的幸福感都不能持久，会随着物质的消失而消失，只有心灵的淡泊宁静才会产生持久的愉悦和幸福。

霍华德的研究很有意思，但是没有看到问题的本质。他的答案是在麻醉那些低头拉车的人不要尝试去追求更高品质的生活，这也就使其失去了改变自己命运的机会，社会也失去了应有的发展动力。按照我对社会和人性的认

---

① 霍华德金森：美国哥伦比亚大学的哲学系博士，毕业后留校任教，成长为一位知名的终身教授。

识，之所以出现这样的状况，并非是霍华德总结的幸福基础有问题，而是每个人的生存状态存在问题。

50名成功人士还剩下9人是幸福的，是因为他们中的大多数已经在追求自己意愿的努力中失败了。如果大家都把权力和财富作为幸福的来源，那人类的金字塔上怎么会有那么多位置？正是那些心灵淡泊宁静的人，那些自身意愿比较低的人，他们根本没有尝试登上顶峰，而是把自己的幸福建立在符合自己能力的范围内，所以他们就可以获得持续的幸福。

曾担任过哈佛大学校长的德瑞克·伯克对幸福做过更加宏观的研究。他的结论是：在一个人均收入不能满足基本需要的国家，经济增长能够大幅提升幸福指数；但是当人均年收入达到1万至1.5万美元之后，进一步的经济增长对改善幸福指数的贡献很小。个人也是如此，当收入达到一定水平之后，收入和幸福的关联度就开始下降。

为什么一个国家或个人收入达到一定程度之后，对幸福指数的影响就减少了呢？可能的原因是在人均收入刚开始提升时，正是大家为了吃饱饭而努力的时候、这时候实现自我满足就是幸福。等到个人或者国家人均财富达到一定阶段，阶级开始分化，大家争先向塔尖爬的时候，因为塔尖位置有限且不一定是通过自身努力就能得到的时候，幸福感自然就下降了。

如果我们把这三个研究联系起来看，我们就会发现人的幸福是受多种因素影响的。首先是个人因素，幸福首先是一种内在状态，如果我们想要自己幸福的话，一定要把自己的内在状态调节好——有个人信仰，有社会交流。如果一个人自身缺乏体会幸福的能力，任何外在的因素都是难以改变他的。其次是所在的组织，组织是否能够提供一个好的工作环境和发展途径，对一个人的幸福也是至关重要的——"不才明主弃，多病故人疏"，境遇直接影响心情。最后是当时的社会状况，国家政治清明、经济发达、文化繁荣对个人有着深刻的影响——宁做盛世犬，不为乱世人，社会的动荡和无序将会摧毁大多数人的幸福感。

人类依靠高度协作成为地球的主宰者，个人是脱离不了社会的，因此必然会受上述事实的约束。英国天文学家约翰·赫歇耳[①]说："考虑到人数的众多，再考虑到物质世界和道德领域种种规则的限囿，人类所自诩的自由便不复存在。人一生中的行动难得会有什么自由。习惯、传统，再加上生存所必须对付的残酷必然，都会作为强迫性要求向人压过来，而不是给人们以选择的自由。"如果我们孤立地看待自己，我们的幸福就只能在人生的角斗场上实现。

个人只是社会的一个元素，只是在统计规律中存在，所以要想获得持久的幸福，必须要把幸福密码掌握在自己手里，建立内部和外部的连接。以上这几位研究者都在单纯地罗列统计数字，但是统计数字不能告诉我们自己是否幸福。只有建立起个人认同，并积极推动组织和社会认同，才会实现真正的幸福。

---

① 约翰·弗里德里希·威廉·赫歇尔爵士（Sir John Frederick William Herschel，1st Baronet，1792—1871）出生于英国白金汉郡的斯劳，著名天文学家、数学家、化学家及摄影师。首创以儒略纪日法来纪录天象日期。约翰·赫歇尔是弗里德里希·威廉·赫歇尔的儿子，他继承父业，参与创建英国皇家天文学会工作；核对父亲的双星聚星表；从中新发现星云星团525个，他还对南天进行观测，共记录68948个包括恒星、星团、星云、双星等在内的天体，测定了许多恒星的亮度。

第一章 认同理论概述

第一节 认同的内涵与特征

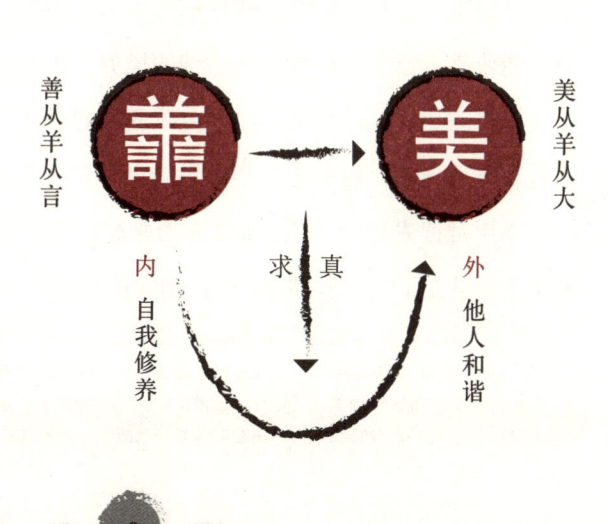

善从羊从言　善 → 美　美从羊从大

内 自我修养　求真　外 他人和谐

1. 认同的提出

这是一个人类历史上最进步的年代，没有之一。科技进步已经大大拓宽了我们的活动空间和时间，享受着古代帝王不曾享受的生活。自由和平等已经成为这个时代的主旋律，哪怕是最为独裁的统治者也在以人民的名义进行统治。战争这个人类的噩梦虽然还在上演，但是已经大大缩小了范围和危害，绝大多数的人生活在和平的环境里。这是一个伟大的时代，人们在分享着建立在人类长期不懈努力基础上的成果，古今中外的历代王朝盛世无过于此。

这是一个人类历史上最彷徨的年代，没有之一。虽然我们获得了部分的自由，但是科技进步大大加快了我们工作生活的节奏，我们就像一个不停旋转的陀螺。自由平等从来没有像今天这样被滥用，被房贷和考勤束缚的劳动者心甘情愿的奉献着自己的体力和脑力。摧毁人类肉体的战争虽然不再蔓延，但是摧毁人们精神思想的战争却在不停地杀戮，贫富差距几乎已经被当作一种公理被人类社会所接受。

我们怎样面对这个世界？我们得到的是他最好的一面，还是最坏的一面？这需要每一个人做出选择。这个世界上没有神，我们就是古人眼里的神，甚至是像牛顿、爱因斯坦这些曾经的牛人，而我们的神就是我们的后人，人类只能依靠自己实现救赎，到达神的境界。我们已经发明了太多的技术，这些技术在改变我们的生活，却不会改变我们内在的根本；我们也形成了很多宗教和管理理论，这些也只能在特定的环境下发生作用。

不用拜读先贤的理论，哪怕最为悲观的人也能得出人类是这个星球主宰的结论。早在17世纪，牛津大学的威廉·配第[①]勋爵就向英皇威廉三世呈上

[①] 威廉·配第（William Petty，1623年5月26日—1687年12月16日）是英国古典政治经济学创始人，统计学家。一生著作颇丰，主要有《赋税论》（写于1662年，全名《关于税收与捐献的论文》）、《献给英明人士》（1664）、《政治算术》（1672）、《爱尔兰政治剖析》（1674）、《货币略论》等。

了一本《政治算数》①，宣称可以将国家通过计算达到理性的治理。当然还有比他更加自信的，那就是社会物理学家托马斯·霍布斯②，此公的《利维坦》③一书可以说是惊世骇俗，至今已经成为一种专门组织的名词。

从威廉·配第到卡尔·马克思，人类一直有一个宏大的心愿，就是去寻找一种确切的理论，能够认清人类社会发展规律，将个人和社会有效地结合起来。直到18世纪末，杰里米·边沁④的发现接近了这个目标，每个人的追求符合"最大幸福"原理。这个原理认为：个人在追求自身最大幸福的同时，也在为社会创造利益，将个人和社会的对立变成了和谐合作。这个理论已经离正确的结果很近，那就是我们要把自身和世界视为一体，并且要用行动表达出来。

截止到现在，人类文明发展无论如何快慢曲折，都是在向着好的方向前进，问题是什么在引领人类前行？我们审视自己就能知道，引领我们自身的是美好的意愿。一部分人的意愿汇集在一起，形成某个组织的价值；全体人的意愿和组织价值汇集在一起，最终形成社会的文化；而当一定的文化形成之后，社会文化就会影响组织价值，然后通过组织价值影响着个人意愿。个

---

① 《政治算术》论述了所有的政府事务及与君主荣誉、百姓幸福和国家昌盛有关的事项都可以用算术的一般法则来证实。威廉·配第以极其普通的科学原理解释纷繁错综的世界，是一本视角独特的政治经济学名著。

② 托马斯·霍布斯（Thomas Hobbes，1588年4月5日—1679年12月4日）英国政治家、哲学家。生于英国威尔特省一牧师家庭。早年就学于牛津大学，后做过贵族家庭教师，游历欧洲大陆。他创立了机械唯物主义的完整体系，指出宇宙是所有机械地运动着的广延物体的总和。

③ 《利维坦》（Leviathan）是托马斯·霍布斯于1651年出版的一本著作，全名为《利维坦，或教会国家和市民国家的实质、形式和权力》（Leviathan or The Matter, Forme and Power of a Common Wealth Ecclesiastical and Civil；又译《巨灵论》）。"利维坦"原为《旧约圣经》中记载的一种怪兽，在本书中用来比喻强势的国家。该书系统阐述了国家学说，探讨了社会的结构，其中的人性论、社会契约论，以及国家的本质和作用等思想在西方产生了深远影响，是西方最著名和有影响力的政治哲学著作之一。

④ 杰里米·边沁（Jeremy Bentham，1748年2月15日—1832年6月6日）是英国的法理学家、功利主义哲学家、经济学家和社会改革者。

人、组织和社会交织在一起，互为因果，一起决定着人类文明的发展。

古人已经知道从自己的内心去寻找幸福。孟子很早就提出了性善论，"人之性善也，犹水之就下也"①。心学创始人王阳明②更阐发出"知行合一"的思想，也就是良好的意愿必须要体现在行动上，否则意愿仅仅是意愿本身而已。在"知行合一"的前提下，人们还要通过"致良知"来获得自身的光明。"吾性自足，不假外求。"③通过自身的良知，去获得对外部世界的认识和看法。

"无善无恶心之体，有善有恶意之动。知善知恶是良知，为善去恶是格物。"④在王阳明的理论中，内心需要不断地为善去恶，实现行动和良知的合一。知行合一不是自然实现的，是在不断深入思考下，行动和意愿协调的结果。这种协调的价值在于使我们认识到自身是一个整体，而不是精神和肉体分离，这是我们思维的基础。我们在这个基础上进一步去观察世界，就会发现一花一草、世间万物也是一个整体，我们只是这个整体中一个微小的部分。如果要在这个世界上生存和发展，我们就要寻求自身的强大。

怎样才能获得自身的强大？

现代社会告诉我们，能够和更多的人连接起来才能实现强大。

怎样和其他人连接起来？

要和其他人的心灵结合起来，也就是实现意愿上的沟通，最终形成共同的价值理念。

---

① 出自《孟子》的《告子章句上》。孟子"性善论"思想的体现。

② 王守仁（1472—1529），汉族，幼名云，字伯安，别号阳明。浙江绍兴府余姚县（今属宁波余姚）人，因曾筑室于会稽山阳明洞，自号阳明子，学者称之为阳明先生，亦称王阳明。

③ 黄宗羲评价王阳明曰："先生之学，始泛滥于词章；继而遍读考亭之书，循序格物，顾物理、吾心终制为二，无所得入；于是出入佛老者久之。及至居夷处困，动心忍性，因念圣人处此，更有何道？忽悟格物致知之旨，圣人之道，吾性自足，不假外求。其学凡三变而始得其门。"

④ "无善无恶心之体，有善有恶意之动。知善知恶是良知，为善去恶是格物"转引自明朝大儒王阳明的《传习录》，是王阳明心学的观点。

怎样才能实现和其他人意愿上的沟通和一致？

虽然有很多种方法可以选择，但是最为有效的就是采取真诚的行动，而这种真诚来源于意愿和行动的一致。

怎样才能实现意愿和行动的一致？

那就要实现我们对于真善美的追求。

什么是真善美？真字从贞变形而得，从贝从卜，卜贝属于占卜的一种，是古人寻求事物本质的一种方法，我们现在认为真是基于客观的真实和主观的真诚。善字从羊从言，也就是像羊一样说话，和和气气，引申出关系的和睦。美从羊从大，"羊"代表顺服，"大"代表辽阔，合起来表示顺服的人民和辽阔的疆土。真善美结合起来就是真知、善念和美好，是人类生存发展的伟大指引。

孟子说："无恻隐之心，非人也；无羞恶之心，非人也；无辞让之心，非人也；无是非之心，非人也。恻隐之心，仁之端也；羞恶之心，义之端也；辞让之心，礼之端也；是非之心，智之端也。人之有是四端也，犹其有四体也。"[1]内心的善念是普遍存在的，不假外求，是我们与生俱来的财富。

是什么把我们所有人联系在一起？是什么使我们了解到世界万物的道理？是什么要我们懂得谦让合作？是什么要我们克制自己的欲望？没有比真善美更为恰当的答案，只有真善美才能完成这一切。

当我们的善念和美行得到回应，我们和其他人实现一致，就会合成一种新的力量——组织。在组织中，多个人的行动汇集起来就是组织制度，多个人的思维结合起来就是组织结构和流程，多个人的意愿结合起来就是组织价值。组织在结构和流程的不断优化下，实现了制度和价值的协调。

同样的道理，在真善美的指引下，社会是一定范围内所有人的集合，因

---

[1] 转引自《孟子·公孙丑上》第六章。

此所有人的行动就成为政治,所有人的思维就成为经济,所有人的意愿就成为文化。对社会来讲,认同在经济不断发展变化中实现政治和文化的协调。

在宇宙是一个整体的思想下,我们沿着真善美的指引,从自身出发,逐步去连接我们身体之外的世界,实现个人认同、组织认同和社会认同,形成一个无所不在的网状结构,成为个人生存成长和组织建设的基本原则。

2. 认同的要素

认同运行中,我们将人划分为行动、思维和意愿的依据是什么呢?从全息理论①来说,有人认为"心物一体"——作为肉体的本体和作为精神的心体都是宇宙源头的生发,所有的心体不过是本体的折射。亚里士多德认为灵魂是生命的原则和动力,是身体的形式,灵魂和身体统一而不可分割。从唯物主义的角度看,这样的划分也是有道理的,物存则神存,物灭则神灭。早期的很多哲学家都持这样的观点,这也符合常识的观察,毕竟没有人真正见到过脱离肉体存在的灵魂。

从一元论的角度,我们看到的人是一个不可拆卸组装的整体,但是这似乎和我们的日常感觉也有一点差异。我们经常会感觉到身体和精神的分离,也就是自身内部的困惑和矛盾导致我们无法协调自己的意愿和行动。如果不进一步剖析和总结,我们就不能更加深入地认识自己。

和亚里士多德的一元论不同,西方现代哲学奠基人、法国哲学家笛卡尔②认为,所有物质的东西都不过是机械规律所支配的机器,甚至人体也是如

---

① 全息理论是研究事物间所具的全息关系的特性和规律的学说。它具有部分是整体的缩影规律;反映事物之间的全息关系的全息等式。

② 勒内·笛卡尔(Rene Descartes,1596—1650),法国著名哲学家、物理学家、数学家、神学家。笛卡尔是二元论的代表,留下名言"我思故我在"(或译为"思考是唯一确定的存在"),提出了"普遍怀疑"的主张,是欧洲近代哲学的奠基人之一,黑格尔称他为"近代哲学之父"。

此，但是在人的身上，除了机械的世界外，还有一个精神世界存在。精神在影响着肉体，肉体又反作用于精神，两者交替相互影响。

天主教的圣人奥古斯汀①把人一分为二，划分为肉体和意志。在他的二元论里面，灵魂是上帝意志在人身上的体现，是高贵的，但身体却是邪恶的和受诅咒的。"一切的力量都来源于上帝，但不是一切的意志都出自于上帝。"人的行为并不总是服从自然秩序，而是经常背离本体的善，就像是朱熹所说"天理"和"人欲"的冲突。

二元论比较接近我们的日常感受，我们一方面期望自己做一个高尚的人，另一方面又难以抵抗物欲的诱惑。一方面希望自己拥有健康的体魄，另一方面又管不住嘴，迈不开腿。一个人的成长过程，基本上就是肉体和精神之间博弈的过程。

在持一元论的人看来，人是不可分割的，似乎肉体的减少并没有直接带来精神的丧失，但中国古代的宦官就是一个反证——身体的残疾，似乎更加催生了他们精神世界的多样性，这也说明肉体和精神并非是等量的。

肉体和精神二元论的划分方法是一个最为简洁的划分方式，毕竟每个人都能够感受自身在肉体和精神之间的冲突和矛盾，因此将他们一分为二顺理成章。通过精神的自我感知，能够确认自身肉体的存在，也可以通过身体的外部体验丰富自己的精神世界。

再看看第三种划分方法，《道德经》里说："道生一，一生二，二生三，三生万物。"中国人认为"三"才是构成丰富变化的源泉。身体的"一"产生了肉体和精神的"二"，肉体和精神之间的相互作用又产生了思维的"三"，

---

① 奥古斯汀（Aurelius Augustinus，天主教译"圣思定"、"圣奥斯定"、"圣奥古斯丁"，354—430），古罗马帝国时期基督教思想家，欧洲中世纪基督教神学、教父哲学的重要代表人物。在罗马天主教系统，他被封为圣人和圣师。

因此可以将人划分为身体、思维和意愿。

身体对应的是人的行为，我们的一举一动都是通过身体来展现的。意愿是我们的精神世界，决定了我们如何区分善恶美丑。思维则是我们身体和意愿之间的调节者，将现实和梦想联系起来。

从解剖学来讲，人类的思维、意愿、情感等所有的意识活动应该都来源于大脑，所以弗洛伊德[①]主张把人格划分成三个部分——本我、自我和超我，构成了人的完整人格。他认为人的一切心理活动都可以从他们之间的联系得到合理的解释，自我是意识的调节器，追求完美的超我和追求快乐的本我是对立的矛盾，为了协调本我和超我之间的冲突，需要自我进行调节。在某种意义上，本我的欲望主要来自于身体的本能，自我的冷静主要来源于大脑的思维，而超我的道德感则来源于心灵的追求。

虽然从现代医学的角度来讲，三分法似乎站不住脚，但是在科学还没有完全证实的情况下，也有人认为大脑主要负责思维功能，心灵的意愿应该是由人整体的神经系统所形成的场域来决定，这也就符合我们对身体、大脑和心灵进行三分的说法。

三分法不但看到了肉体和精神之间的统一和矛盾，而且将思维能力单独提取出来，成为前两者之间的纽带。这一划分方法为人们认识自我、改造自我提供了具体的途径，更加具有可操作性。

就我个人多年的体会而言，身体、思维和意愿的三元划分更加符合人类的运行机理。当我们的身体和意愿发生冲突的时候，是谁在担任协调者呢？我想思维应该是独立存在的。

作为认同理论的基础，我们把人的实际功能按照三分法进行划分，也就

[①] 西格蒙德·弗洛伊德（Sigmund Freud，1856—1939）是奥地利精神病医师、心理学家、精神分析学派创始人，代表作《梦的解析》。

是身体、大脑和心灵。身体对应着人的外在行为，所谓的"听其言，观其行"，"知行合一"，都是围绕着人的行动来对人进行基本的判定。大脑对应着人的思维，"我思故我在"，思维是人类得以强大的源泉。心灵对应着人的意愿，无论是信仰上帝，还是"止于至善"，都是人类美好的、向上的意愿使人类不断穿越战争和仇恨的阴云，成为一个互为支撑的整体存在。

作为佐证，从量子物理的角度而言，我们并非处在一个物质世界，而是一个能量世界，所以本质上我们是一元的，只是能量和振动的结果。从能量的表现形式来看，我们也是三元的，身体是我们能量的固体形式，思维是我们能量的液体形式，而心灵是我们能量的气体形式。当身体在行动的时候，我们就如同能量的固体状态，需要有一定的空间和限制，使我们的行动不至于对自己和他人造成损伤。当大脑在思考的时候，我们的思维则如同能量的液体状态，绵绵不断的流动，却又有迹可循。当心灵在形成意愿的时候，我们的意愿就像空气一样弥漫于宇宙空间。

一个人要对自身进行认识和分析，首先要有能力将自己的行动、思维和意愿区分开来，还要能够将它们再联系起来。知道我们的生活哪些来源于我们的意愿，哪些来源于我们的思维，哪些来源于我们行动的惯性。是否能够区分开三者，可以作为我们检验自身是否"活得明白"的一个标准，那种没有任何区分的浑噩生活，是无助于我们自身修炼的。是否实现三者的联系，则是检验我们的认同程度的一种方式。

一般而言，身、心、脑三者发展是不平衡的，我们需要用意愿来引领我们的思维，用思维指导我们的行动，同时也需要用行动来探索确认我们自身的意愿。从意愿到思维，从思维到行动，再从行动到意愿，我们就完成了一个认同循环。我们通过不断的认同循环来实现三者的协调统一，克服由于外在环境变化带来的认同缺失。

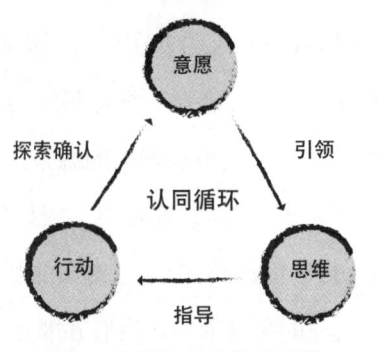

图1　认同的三个构成要素

现实生活中，当行动、思维和意愿协调一致时，我们就能处于幸福的状态中，而人生的烦恼往往来源于三者的冲突和矛盾。个人的幸福和认同如此相关，所以实现认同是每个人一生需要修炼的事业，顺境中需要认同来推进我们的发展速度，逆境中需要认同来克服我们遇到的障碍。

3. 认同的内涵

人作为一种高级生物进化得如此之复杂，以至于自己和自己并不是那么容易达成一致，经常处在选择障碍和矛盾中。能不能对目标做出选择？又能不能按照自己的选择做出行动？人们经常处于知行合一的矛盾中。自己和自己尚且如此，和其他人的认同就更加困难——没有共同利益时冷漠，有共同利益时算计，不是路人就是敌人。个人和组织的关系也尤为复杂，经常是爱恨交织，离开组织自身生存困难，和组织在一起又觉得备受压榨。而社会更是大家的出气筒，事业成功归自己，事业失败怨社会。

所有的这一切，都是因为我们忘记了自身是宇宙的一个碎片，忘记了外部世界和我们同源同宗，忘记了别人就是另一个时间和地点的我们。无论我们对未来有多少疑惑，但是回顾历史，我们不得不承认人类总体是在不断进步的，这是人类整体的胜利。这种胜利来源于人类内心中对真善美的追求，更来源于实现认同后人类对真善美的表达。

认同就是将世间万物看作一个整体,在真善美的指引下,从自身意愿出发,用行动实现和外部的有效连接。"真"基于我们主体对客体的认识和理解,只有基于真实的思维,我们的行动才能表达我们的意愿。"善"是一种温顺和善的态度,是我们与生俱来的一种能力。我们要实现万物一体就要善待我们周围的一切,哪怕是我们的食物,也是我们需要善待的对象。"美"是"善"的实现形式,是一种外在的秩序,当我们的和善可以遍布到生活的每一个角落,就成为了"美"。也就是说基于我们内在意愿的是善,这种善经过我们思维的真转化成行动,就是一种将善变大的过程,也就是美实现的过程。

实现认同我们首先要寻求一个真实的自己,这种真实需要基于理性的分析和判断,这需要思维的参与。思维在认同中起着对真实、真理和真相的求索作用,也是对自我的认识作用。没有"真"的存在,我们连"我是谁"的问题都无法回答,遑论和其他人的相互认同。

实现认同我们首先要找到自己内在的善,这需要我们内在意愿的参与。无论是孟子的"性善论",曾子的"止于至善",还是王阳明的"致良知",都是内在意愿对善良的要求。只有意愿上的"善"才能产生和其他人的良性互动,才能产生认同。那种所谓"胡萝卜加大棒"的合作关系,并非基于相互的认同,而是基于利益的苟合。

寻求美是我们实现认同的终点。万物之所以成为一体是因为有秩序,这种秩序不仅存在于人类的行为,还存在于世间万物,甚至是浩瀚太空。没有行动上的美,就无法表达我们思维上的真、意愿上的善,无法展现我们完美的自己。

从个人的角度来讲,认同就是在思维不断求真的过程中,将意愿上的善转化成我们行动上的美。认同是基于人存在的，一样也存在于人类的组织和社会中，只不过是人数多少而已。站在组织的角度，众多思维求真就是一种相互寻找自身定位的过程，最终形成组织的结构和流程；众多意愿求善就是一种相互寻求内心支撑的过程，最终形成组织的价值理念；众多行动求美就是一种相互寻求外部均衡的过程，最终形成组织的制度。如同思维在意愿和行动之间的作用，在组织结构和流程不断求真的过程中，组织价值上的善也会转化成组织制度的美，也就是实现组织认同。站在社会的角度，在社会经济规律不断求真的过程中，实现社会文化的善转化成社会政治的美，也就是社会认同。

个人认同从根本上说就是在思维的不断观察、反思过程中，实现行动和意愿的协调一致。内在意愿的"求善"是认同的根本，外在行动的"求美"是认同的标志，思维不断"求真"是实现认同的保障。无论是硬性的法律制度，还是柔性的道德风俗，认同就是心甘情愿地去接受和实践，我们的行动体现的就是我们的意愿。

行动是一个人认同的外在体现，所有的认同只有通过实际行动才能表现出来，为外界所观察到。正如《利维坦》所描述的机械人一样，不管内在的心理状态如何，我们只能通过行动去判断一个人的内在状态。当然，人不同于没有生命的粒子，如果行动本身并非全部出自于个人意愿，单纯的行动也不能定义为认同，就如同我们不能说精密车床实现了认同一样。

只有在个人意愿的引领下，认同才会真实的展现出来。而行动和意愿之间的协调并不是自然实现的，需要思维的协调平衡，因此思维在认同中承担着推动作用，也就是王阳明所说的"格物"的作用。

实现个人认同就是在思维求真的指引下，对各种关系的一种梳理。如果换一个角度，从思维的关注度来讲：在自己内在各要素的关系上，主要是求真，实现自我的安定和幸福；在自己和组织的关系上，主要是求善，实现组织的有效运行；在自己和社会的关系上，主要是求美，实现和谐公平的秩序。

从可见性来讲，身体代表的行动是我们的固体状态，大脑代表的思维是我们的液体状态，心灵代表的意愿是我们的气体状态，那么外部的认同环境就是促使我们在不同状态之间转化的热量。当外部促使我们采取行动的时候，我们的行动就会形成新的意愿；当外部影响我们意愿的时候，我们的意愿就会形成新的思维。就如同能量只会转移，不会消失一样，我们的行动、思维和意愿也不会凭空消失，会成为另外的状态保存下来。从这个意义上说，身、脑和心的认同是一个内部循环，我们称之为个人认同。

图 2　认同的内涵

王阳明心学认为，人只要能够"致良知"，复杂的外部世界就可以迎刃而解，但人不是生活在真空里，并非所有人都实现"致良知"，所以个人认同要受外部认同环境的极大影响。当我们面对外部世界，在多个人的情况下，不同人之间的行动就难免会出现实质上的冲突和碰撞，所以需要通过制度来进行协调。制度对行动的影响，就如同力作用于物体，遵循的是牛顿力学。一切物体都有惯性，人本身也是如此，因此如果没有外界制度的约束，个人行动就会遵循一种自然状态。而当制度对人的行动进行约束的时候，人的行为将会根据制度要求的方向变化。由于加速度的存在，制度不但会影响行动的改变，而且会随着时间的推移，加倍改变人们的行动。同时由于作用力和反作用力的存在，制度也是一把双刃剑，我们在利用制度改变人们的行动时，行动同样在影响和对抗着制度。

组织结构是所有人思维汇集的结果，是所有人思维的总和。组织中的每个人都有自己的思维方式，这些思维方式都是个人追求真的结果，需要通过一定的形式将这些思维方式组合起来，发挥最大价值，这个组合就是组织结构和流程。把不同的思维方式放置在不同的位置上，通过一定的组织流程连接起来，形成一个有机的结构。组织的结构和流程就像一个容器，我们的思维放置在容器的不同位置，会随着容器的结构形式发生变化。

我们经常会听到一句俗语——"屁股决定脑袋"，也就是在不同的位置上，就会有不同的思维方式。一个组织的结构和流程怎样塑造，选择什么样的人来执行，既是组织和个人相互选择的结果，也是组织和个人相互适应的结果。思维像水一样自由流淌，组织需要通过一定的结构去规范和引导思维，但是又不能过度僵化，影响到思维的正常运行。

组织价值主要对应着个人的意愿，是组织中所有人意愿的总和，组织通过价值来调节和影响个人的意愿。个人意愿是能量的气体状态，既难以捕捉，又无处不在。组织的价值就是每个人意愿的组合，不同的意愿形成了统一的组织价值，因此组织价值是组织成员共同意愿的混合体。

由于一个人和一部分人的运行方式有一定的区别，因此组织价值是组织成员意愿的最大公约数，和个人意愿存在一定的不同之处。像王阳明所说"有善有恶意之动"，个人意愿中一定有善意存在，但并不一定都是善意，也有追求快乐原则的本我存在。组织价值为了整合大多数人的意愿，必须要知善知恶、为善去恶，要树立良好的意愿，摒弃不良的意愿。这个过程既是组织价值的形成过程，也是组织成员的筛选过程。

社会认同和组织认同一样，不过三个要素更加宏观，分别是政治、经济和文化，分别对应着个人和组织对真善美追求的三个要素。所有人的行动和所有组织的制度通过对美的追求汇集起来成为政治，政治通过组织制度和个人行动的规范影响到个人。政治作为所有人的集合，在不同的组织中，对不同的人有着不同的影响，形成人们对于政治不同的反应。

所有人的思维方式和所有组织的结构流程在求真的过程中汇集起来成为经济，经济通过组织结构和个人思维规范影响到个人。在同样的经济环境下，由于组织位置和思维方式不同，每个人真实的感受也不尽相同，总是几家欢喜几家忧。具有竞争力的思维方式，更容易获得组织中有利的地位，而具有结构流程优势的组织，更容易获得经济上的竞争力。

所有人的意愿和所有组织的价值在求善的过程中汇集起来成为社会文化，文化通过组织价值和个人意愿规范影响到个人。由于意愿是能量的气态方式，所以个人意愿和组织价值及它们所形成的社会文化密切的联系在一起，难以清晰地辨别和分割。相对于有形的政治和经济，文化对于善的追求，更能够使人类形成一体，忘记身份和环境的差异。

社会文化会影响到经济模式选择，经济最终也会对政治产生影响，而政治在一定情况下也会对社会文化产生反作用，这三者也存在一个循环过程。在经济的协调下，政治和文化形成统一，构成了一个社会认同。

4. 认同的特征

认同虽然说起来很简单，但是真正做到很难。各种各样的利益纠结，使我们将意愿和行动的背离看成是一种策略，把自身短期利益等同于正确的选择。而当我们反省时就明白，这种行为属于行动上接受、意愿上拒绝，不能算是完全的认同，只能是一种变通的认同，只去遵守对自己有利的规则。

那什么算是真正的认同呢？我们必须基于真善美的标准，看意愿和行动之间是否保持一致，才能判断是否实现了认同。认同是一种基于真诚意愿的表达，如果没有思维真诚的连接，意愿和行动之间就剩下两种选择：缺乏连接和虚假连接。

首先我们来看缺乏思维连接的意愿和行动。当我们没有经过思维的连接，我们的行动不能表达出我们的意愿，也就是我们会呈现出一种矛盾的行动状态，别人无法根据我们过去的行动去预判我们接下来的行动。儒家思想讲究仁、义、礼、智、信"五常"，其中的"信"就是可靠可依赖，所以说"民无信不立"，得不到别人的信任就站不住脚。这种"信"的缺乏可能并非出自本心，而是一种无意识的结果，但是却对别人的认同造成直接影响。

和没有连接相比，思维对意愿和行动的虚假连接更为可怕。如果一个人的意愿和行动长期得不到真实的反映，会对内心产生极大的伤害。同时，长期的虚假连接必然会被外部所发现，曾经建立起的认同必然亡崩瓦解。

建立认同是一个由内而外的过程，缓慢而艰难，在面对认同时，人们存在四种不同的表现：不接受不追随；不接受但追随；接受但不追随；接受且追随。

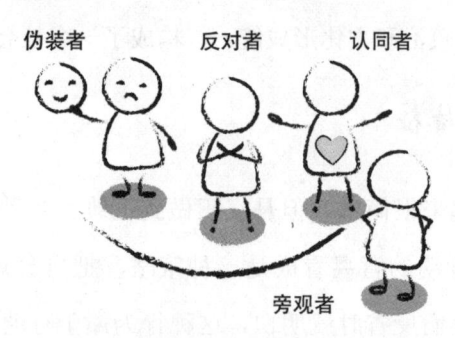

图3　认同的特征

不接受不追随（反对者）：当一个社会政治或者组织制度相对宽松的时候，有人表现出对人或者事物不认同，并且不隐藏自己的观点。我们对很多事情表示出来的都是这样的状态，这使我们在大千世界里形成我们独特的思想和行为。在一个宽松的组织制度或社会政治下，反对也是一种认同的表达方式，大家都反对的往往是法律禁止或者道德不提倡的。如果大家对于组织或社会鼓励的行动采取无关者的态度，埋头不理、悄然绕过，那么组织和社会认同会受到很大的威胁，组织或社会必须要做出改善。

不接受但追随（伪装者）：虽然不认同，但是基于组织和社会压力，或者经济利益驱使，不得不做出违背自己内心的行动，为了外部的"美"，损害内部的"善"。很多法律、道德或规则并不符合每个人的心意，但是为了融入到某个组织或社会中，人们不得不违心的去采取行动。组织和社会的秩序虽然得到了保障，但是容易造成士气低落，离心离德。这种情况必须要有强大的经济利益吸引或是惩罚震慑作为保障，才能使人性中伪装的一面得到转变。

接受但不追随（旁观者）：虽然意愿上接受，但是没有行动，只有内在的"善"，没有外在的"美"，缺乏足够的勇气和动力去采取实际的行动。很多时候由于外在压力或自身惰性，并不能想到做到，只是袖手旁观。在热心人看来，这是一个冷漠的世界，其实底下涌动着热情的火焰。旁观者的心态非常的矛盾，他们患得患失，由"善""变""美"不但需要自身提高认同力，也需要组织和社会对他们提供支持和保障。

接受且追随（认同者）：行动和意愿的统一，这是真正的认同，是从内到外一致的表现。这种从内心到行动的认同，形成一种巨大的动力和能量，能够产生战胜一切的力量。认同产生的能量是一个组织或者社会运行的动力，为组织和社会实现认同提供了保障。

从外在表现看，我们会看到认同者和伪装者有一样的行动，但是伪装者会承受内在的折磨，他们或者因为时间而逐渐放弃伪装，或者因为内在的折磨而退出行动。当然也不排除，有的人会逐渐从行动的追随成长为内心的接受，这使得认同的队伍变得更加复杂。

在没有采取行动的人当中，也存在着不同的情况，但是因为没有行动，内心是否认同并没有带来现实的影响，不会影响认同队伍本身的力量。而作为旁观者，自身也在承受着一定的压力，这主要来源于意愿和行动之间的冲突，这些人往往会成为生活的失败者。

第二节 认同的思想渊源

第一章 认同理论概述

美—行动—制度—政治 简易
真—思维—结构—经济 变易
善—意愿—价值—文化 不易

　　易经讲究"简易、变易和不易",万事万物遵循的是"简易"的道理和规律,也就是统一的规则和制度,这些制度都是一种美的体现。

1. 认同的思想渊源

认同源于心，见于行，"大道之行也，天下为公"[①]。几乎所有的人类文化遗产，都是围绕着建立人类认同而存在的。有人类社会存在就有认同，认同思想最重要的来源是以人为本的思想，也就是把人作为世界的核心，把真善美作为人的核心。从以人为核心出发，我们将其他人、社会和世间万物看作一个整体，我们就是整体的一个碎片，平等的存在于宇宙之中。从以真善美为核心出发，我们能够建立起对于自我的真诚，对于他人的和善，对于世界的美好塑造。

我们把世界万物看作一个整体而不可分，把对真善美的追求也看做一个整体而不可分。当我们越发在思考中求真，我们就越会发现我们的强大不是源于自身，而是源于我们人类作为一个整体。我用的电脑不是我生产的，更不是我发明的，我住的房子不是我盖的，我吃的粮食不是我种的，这一切都有赖于人类的合作。

我越"求真"就越会发现自己内在意愿中的"善"，也就越需要和其他人友好相处，因为只有"善"的存在，我从"真"得到的道理才会发挥作用。随着我的思考不断深入，我的真诚告诉我，内心的"善"必须要得到发挥，我要让别人看到这种"善"。当我的"善"在行动中体现出来的时候，内在的"善"也就成了外在的"美"，而外在的"美"进一步推动了我内在的"善"，我也就实现了认同。

我们所有的社会制度，所有的组织形式，都是基于善而存在的，充满恶意无法形成有序的组织和社会。人类基于善所建立的社会，是为全人类服务

[①] 转引自《礼记·礼运》。《礼记》是研究中国古代社会情况、典章制度和儒家思想的重要著作。它阐述的思想，包括社会、政治、伦理、哲学、宗教等各个方面。

的，而不是为某个特定的人或者组织服务。在个人认同层面，一切以人为核心，以真善美为核心的思想都是认同的来源，一切与人的利益相违背的思想都是认同的敌人。这里的人，是每一个不分高低贵贱的个体，而不是抽象的概念。

在人本思想的基础上，从中国文化而言，认同可以承接到周易理论，而在西方则可以承接到哲学理论。这些理论虽然没有直接表现出认同的具体形式，但是在精神内核上和认同思想非常贴切。在这两者的发展过程中，中西方在精神和实践中都体现出了认同的特征，甚至中西方在认同领域出现了融合发展的态势。

易经讲究"简易、变易和不易"，万事万物遵循的是"简易"的道理和规律，也就是统一的规则和制度，这些制度都是一种美的体现。春夏秋冬，寒来暑往，上至达官贵人，下到贩夫走卒，自然界不会因为某个人或者某个组织去制定和采取不一样的规则，而是天下共此凉热，否则就不是"同"，更谈不上认同。这种大道至简的思想，能够比较容易拆穿所有的人间把戏，凡是根据不同人种、肤色、阶层、甚至思想去采取不同的制度约束和赏罚，无疑是错误的，是背离认同理论的。

在统一的道理规则中，易经还强调"变易"的思想，也就是万事万物都处在不断的变化过程中，体现的是一种真。每一个个体从出生到衰老，直至死亡，无时无刻不在发生着变化，这种变化也在改变着人们的认同形式和内容。个体的认同必须要随着年龄的增长而有所变化，当意愿发生变化，就会带来思维的变化，从而影响到实际的行动。少年满怀朝气，就要不断去闯，老年气血衰竭，就要慢慢去收。

每一个组织也要适应不同的环境变化，需要不断修正自己的组织方式和结构，以实现制度和价值之间持续的认同。那种认为一旦认同就亘古不变的想法是错误的，个人和组织都需要不断进化，以实现自身和组织的认同。

认同也有一些内容是"不易"的，也就是那些不可或缺的人性，体现着善。譬如说对于自身意愿的追求，对于组织价值的体现，对于社会文化的延续，对于外部环境的适应。这些不易的内容，使人们愿意为实现认同而努力提升自己，也愿意为了整体和长远的利益放弃局部和短期的利益，从而不断提高自己的认同层次，实现法律、道德、宗教乃至文化的认同。

简单说来，作为认同的基础力量，政治、制度和行动应该遵循"简易"的原则，不能使人无所适从；作为认同的实现手段，经济、结构和思维应该遵循"变易"的原则，要根据环境的变化而变化；而作为认同的引领力量，文化、价值和意愿应该遵循"不易"的原则，形成社会道德信仰。

西方哲学注重人的自我精神，尤其是市场经济理论本身就是认同的产物，它遵循平等性、竞争性、法制性和开放性的原则。个体在一定的规则之下，按照自身利益最大化的行为，通过所在组织的价值创造，实现了社会利益最大化的结果，这本身就是人类认同的一大创举。无论是在东方还是在西方，无论是专制社会还是民主社会，市场理论都是人类社会运行的基本机制。

市场经济的存在不是为了扬善，而是为了限制人性中的恶。在专制制度下，强权阶层可以通过"强买强卖"，或者非市场的方式攫取财富，而在现代社会制度下，民众层面必须要通过市场才能实现价值的交换，才能实现社会的正常运行。虽然市场也有它自身的缺陷，但目前还是不可或缺的社会运行机制。在中国几千年的历史上，也曾有短暂的抛弃市场的时候，但也很快看到了现实给出的惩罚结果。邓小平同志没有因为资本主义国家依托市场运行而抛弃市场机制，而是把市场作为大家都应该使用的一种工具，这是对中国发展的巨大贡献。

市场经济下，无论市场交易的主体是谁，大家都是平等的，不能因为拳头硬就可以肆意妄为。这种市场上平等的交易地位，决定了人们在人身上的独立，也就为个人认同奠定了基本的条件。如果一个人的价值和交易行为被他人所左右，就像一个被公婆盯死的小媳妇，也就失去了对自我的控制能力，无法实现自我认同。

2. 中国的认同思想

认同思想伴随着人类社会的产生而产生，也随着人类社会的发展而发展，有一些思想虽然没有明确展现出认同的概念，但实际是沿着认同的方向在发展。作为具有五千年文明的古国，中华民族的各种思想大多都体现着认同的内涵。我们可以看一下在中国比较有影响的四种思想——儒家、兵家、道家和佛家，看看他们和认同思想之间的关联。

在中国比较有影响的四种思想：儒家、佛家、道家、兵家

图4 中国一脉相承的认同思想

儒家思想虽几经变化，但一直是统治中国几千年的主流思想，在中国的政治文化中起着重要的作用，所以认同思想不能绕过儒家的影响。儒家思想诞生于"礼崩乐坏"的春秋时期，因此重视"仁"和"礼"，强调"仁政"。经过董仲舒持法家思想的雕琢，儒家成为主流思想，强调秩序和层级，很为专制政权所宠爱，也因此背负了一定的恶名。作为人类发展的现实，专制思

想是不可能因为我们的憎恶就会远离我们，而儒家思想正是告诉我们：在没有实现认同型组织和社会的情况下，我们自己也可以做出对真善美的选择，实现个人认同。

儒家强调自身修养和家国情怀，尤其曾子在《大学》中提出"三纲八目"的说法："大学之道，在明明德，在亲民，在止于至善。""格物、致知、诚意、正心、修身、齐家、治国、平天下。"强调学习提升自己，从自我内在的修为开始，不断地思考实践，用自身的能力去获得他人、组织和社会的认同。把诚意正心和修身齐家放在格物致知和治国平天下之间，强调了内在意愿的重要性。这意味着没有认同的连接，格物致知所形成的认识与治国平天下所代表的实践，两者是相互割裂的。只有建立起认同，才能打通知识和实践之间的任督二脉，形成具有实践能力的个人成长。尤其是止于至善的思想，为个人内心的"小善"转化为社会的"大善"指明了方向。

传统的集权政治和层级文化，使得每个人都应该有一颗儒家的内核，用这个内核所蕴含的能量支撑自身的存在和发展。顾影自怜、怨天尤人都是不足取的，也不会感动救世主，只能使自己庸庸碌碌而已。除了五胡乱华[①]时代，中国古代社会仅治理上不仅倚重贵族和门第，也强调选贤任能，为各类精英跨阶层流动提供了一条出路。但封建社会因为层级和专权的制度设计，导致一直是强竞争的社会，如果缺乏儒家内核，个人很难获得社会地位和内心平衡。

兵家思想就像臭豆腐，闻着臭，吃着香，在中国思想史上没有太高的地位，这可能和集权社会的爱憎有关联——不希望臣民去争斗，影响现有的秩

[①] 五胡乱华时代，是指在西晋时期塞外众多游牧民族趁西晋八王之乱，国力衰弱之际，陆续建立的非汉族政权，形成与汉人政权对峙的时期。"五胡"主要是指匈奴、鲜卑、羯、羌、氐五个胡人大部落，但事实上五胡是西晋末年各乱华胡人的代表，数目远非五个。

序。但兵家思想的重要性却不会被磨灭，在中国，即使不懂得孙子兵法，也要会几招三十六计。

对于中国封建社会的组织形式而言，兵家思想是难能可贵的，也是中国历史发展的强大推动力。无论你学习了多少儒家思想，最重要的是要能够从自我修养转变为他人和社会的认同，而这种转变不仅要会学习，还要敢于和善于行动，兵家思想在这方面具有不可替代的价值。

兵家并不是鼓励战争，而是为了和平，鼓励用战争的思想获得和平。宇宙万物成为一体，不是没有秩序的拼凑，而是各种力量相互作用的结果。兵家强调"不战而屈人之兵"[①]，"上兵伐谋，其次伐交，其次伐兵，其下攻城"，用自身的力量去获得外界的认可。

一个人有了一定的知识和经验，就要考虑去做出一番事业，这个时候只有展现自己的实力，才会被人所认识，才会有人欣赏和追随自己，成为组织的一员。借鉴兵家思想就是强调从个人认同向他人认同的转化，要敢于展示自己的能力，采取自己的行动，而非一直韬光养晦。

兵家还强调"知己知彼，百战不殆；不知彼而知己，一胜一负；不知彼，不知己，每战必殆"。敢于竞争不是盲目竞争，而是要不断学习和观察。在青少年时期形成的知识和反思，需要在青壮年时期展现出来，去征服他人，一方面是给社会作出贡献，另一方面也是检验自己个人认同的成色。不经风雨，长不成大树，没有真正的较量，不会有实际的提高。有些年轻人，既没有内在的修为，也不愿意在竞争中衡量自己的能力，只会说大话、等好事，这种个人认同方式是很危险的。

---

① 转引自《孙子兵法·谋攻篇》："凡用兵之法，全国为上，破国次之；全军为上，破军次之；全旅为上，破旅次之；全卒为上，破卒次之；全伍为上，破伍次之。是故百战百胜，非善之善者也；不战而屈人之兵，善之善者也。"

我们看《孙子兵法》，里面既有战略运筹，也有作战指挥、战场应变，甚至有军事地理和各种战法。这些战法中透出一个重要的信息，就是我们面临着一个非常复杂的外部环境，这种外部环境要求我们必须具有一定的知识和应变能力。思维求真的过程，就是一个对环境认识的过程，如果不能得到真实的外部认识，就无法做出正确的决策。

任何竞争和创新都是有风险的，现代社会不能回避竞争，一个人最大的错误，是在应该选择探险的时候选择了逃避，成为一个有想法、没办法的人。兵家强调思维的力量，鼓励要在适合的时候建立起和外部的联系，通过有意愿支撑的行动，获得外部的认可。

道家思想在中国社会中具有重要地位，崇尚上善若水，强调自然和平衡思想，使很多人获得精神上的慰藉。"道法自然"、"无为而无不为"、"天下之至柔，驰骋天下之至坚"[①]。道家既不沉迷于物欲，也不迷失于精神，逍遥是他们的最高境界。在道家看来，人生不是一味的进取，也并非一味的避世，而是一种遵循天道，顺势而为的平衡姿态。

一个人或者一个组织，并不是一帆风顺发展的。要做到进则海阔天空，退则风平浪静。不能逆天下大势而为，既要自强不息，又要能够承担应有的责任义务。人到中年，经验越来越丰富，家庭、组织和社会的责任越来越重，因此要借鉴道家思想，不能走极端，要接受不断涌现的新鲜事物，呵护它们的成长；又要接受原有事物的衰败，该放手时就放手，人皆知持物之乐，而不知不持物之乐。

一个组织中，结构和流程设计的关键是需要能力和权力的匹配，在道家

[①] 转引自《道德经》第四十三章："天下之至柔，驰骋天下之至坚。无有入无间，吾是以知无为之有益。不言之教，无为之益，天下希及之。"

思想看来，这是非常自然的事情，因为"圣人无常心，以百姓心为心"，在组织中领导者最重要的是实现认同。"生而不有，为而不恃，长而不宰"，领导者当为组织的发展提供服务，如果掌握权力而缺乏实际的能力，不但组织发展受到影响，自身也很痛苦。

佛教思想虽然是印度王子所创，但倡导的并非追求人间的繁华和名利，而是一种彻底觉悟，明白世间百态不过是一种幻象。佛教不像儒家、兵家和道家那样，需要一定的学习历程和修为，而是强调"普度众生""回头是岸"，人人时时皆可成佛。六祖法师说："佛法在世间，不离世间觉，离世求菩提，犹如觅兔角。"一个社会中，如果大家都追求物欲的享受，必然会形成相互的争夺，加重环境的负担，造成社会的混乱，而佛家恰恰回避了锦衣膏粱的诱惑。

佛家四真谛为"苦、集、灭、道"[①]，《法华经》里讲："苦者我已知，集者我已断，灭者我已证，道者我已修。"佛家认识到人生充满了苦恼，这些苦恼都有产生的原因，只有斩断这些产生苦恼的根源，才可以通向觉醒的道路。世间万物的矛盾冲突也是如此，没有冲突矛盾，世界就不会存在，实现这些冲突矛盾的统一，才会实现真正的最终认同。

人的生存不过是能量在某个时间维度的聚集，宇宙有创立就有灭亡，万物将同归死寂。老年人应该明白，物质是有限的，而精神是无限的，更高层次的认同必然要在心灵的层面上达成共识。

由于社会需要一定的层级结构来维持，高层的领导者掌握着政治、经济和文化的多种资源，社会应该由那些脱离物欲的领导者来管理，否则会形成

---

① "苦、集、灭、道"，是佛教语，亦名四谛。《法华经·譬喻品》："佛昔于波罗柰，初转四谛轮。"初转轮三说四谛，第一说：此是苦、此是集、此是灭、此是道。第二说：苦当知，集当断，灭当证，道当修。第三说：苦者我已知，集者我已断，灭者我已证，道者我已修。

财富的不均分配。由于高层领导者建立了心灵层面的认同，会在一定程度上减轻在竞争层面由于能力差异带来的财富差异，形成全社会的共识。

"欲知前世因，今生受者是；欲知来世果，今生作者是。"缘起性空的佛家思想使得现实和心灵间建立了一个通道，使人们不再执著于自我的得失。利用心灵的力量，控制对于物欲的无限索求，实现整个社会内部，以及社会和环境之间的平衡，对于人类的发展具有重要的意义。

总之，认同思想强调万物一体，是对于真善美的不断求索，是对自身求真、他人求善和社会求美的结合。儒家在于接纳各种知识，进行自我反思，实现知行合一，追寻内心至善；兵家在于容纳不同观点和行为，敢于创新，进行对立统一的成长，追求万物之真；道家在于包容众人之心，整合局部利益为整体利益，追求平衡之美；佛家在于包容过去和未来，放下物质和自我的执著，追求万物一体。

3. 西方认同思想的借鉴

西方的思想家很早就重视对于自然的研究，探究宇宙的本质。在西方发展史上"四元素"说影响最为久远。早期哲人们希望得到一种物质，能够作为事物的本原，涵盖所有的世间万物，这也是万物一体认同思想的体现。

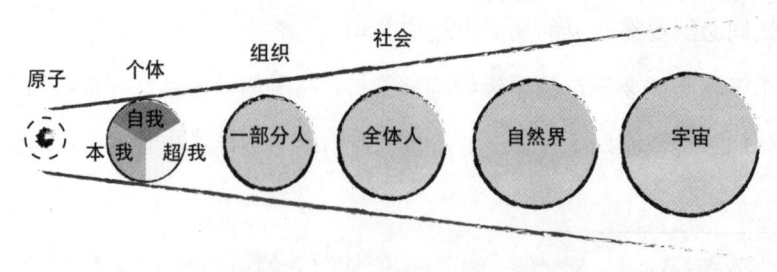

图5 西方的认同思想

像中国道教对水的崇拜一样，希腊早期的哲人泰利斯①首先提出万物是由水构成的，因为水既能成为固体，也能成为气体。他的学生则认为万物是由气体组成的，因为气体才是无穷无尽的。而提出"太阳每天都是新的"和"人不能两次踏进同一条河流"的郝拉克里特认为："过去、现在和未来永远是一团永恒的活火。"所以万物是由火组成的。

而毕达哥拉斯②是一个对数字着魔的人，他认为宇宙中所有的事物都遵循着一个规则，而数字的规律正是这个规则中心。所以他提出万物是由土、水、气、火四者组成，而这四者又由冷、热、湿、燥四种基本物性两两组合而成，例如水是冷与湿的组合，火是热与燥的组合。以后的哲学家基本接受了这种四元素论，亚里士多德和柏拉图都持有并发展了这个观点。

我们如果把四元素论抽象来看，并非没有科学道理，土、水、气、火分别对应着物质的固态、液体、气态、能量，可以说是不同状态下物质的不同形态展现。这种"四元素"说，也能体现人自身的三分法。

在相当长的时间里，由于宗教在西方占有统治性的地位，大多数思想被湮灭在宗教信仰的海洋里。直到15世纪中期，随着教会势力的衰退，西方哲学才重新绽放出耀眼的光芒。

西方近代哲学是建立在人类自我觉醒的基础上的，不论是以人为中心的人本论，还是以观察实验为方法的自然论，都是通过追求知识的过程实现人自身的自由。

就像中国出现了程朱理学③和陆程心学一样，西方在认识世界的过程中

---

① 泰利斯（即泰勒斯），古希腊米利都学派的创始人，西方哲学史上第一位哲学家。出身于米利都的名门望族。他以渊博的学识被列为当时希腊"七贤"之一。他第一个提出了"什么是世界本原"这个有意义的哲学问题。
② 毕达哥拉斯（Pythagoras，约公元前580—约公元前500（490））古希腊数学家、哲学家。
③ 程朱理学亦称程朱道学，是宋明理学的主要派别之一，也是理学各派中对后世影响最大的学派之一。理学的天理是道德神学，同时成为儒家神权和王权的合法性依据。

也有不同的认识。培根和他的支持者的思想就像程朱理学，认为自然界是物质的，物质是能动的、多样的，认为掌握知识的目的是认识自然和征服自然，知识就是力量。

而笛卡尔的思想则像陆程心学，认为人的理性认识能力是天赋，是不证自明的第一公理。莱布尼茨①有点像王阳明"良知被蒙蔽"的心学思想，他也认为一切观念都是天赋的，但起初是作为倾向、禀赋、习性或自然的潜能存在于人们心中，必须经过加工才真正显现出来。

经验主义者指出人类对世界的认识与知识来源于人的经验，而理性主义者则指出人类的知识来自于人自身的理性。事实上，如果他们能够理解认同就是内在意愿和外在行动的统一，也就会得出经验和理性不过是认同的两端而已。

西方哲学在18世纪末、19世纪初发展到一个高峰，主要发生在德国，以康德②始，以费尔巴哈③终，他们把世界统一在思维的基础上，这也和认同思想中"思维是意愿和行动的协调者"是符合的。精神、自我、主体成为这一时期哲学思想的中心。

康德哲学理论重点在研究"真"，他的一个基本出发点是，将经验转化为知识是人与生俱来的，没有先天的（知识）范畴我们就无法理解世界。他提出人的认识分为"感性""知性"和"理性"，理性的本性要求人超越对于感性的认识，而这本身就超越了人自身认知的界限，必然会陷于难以自解的矛盾。事物本身与人所看到的事物是不同的，人永远无法确知事物的真正面貌。我们知道"理性"不过是思维的代名词，我们用思维去协调意愿和行动

---

① 戈特弗里德·威廉·莱布尼茨（Gottfried Wilhelm Leibniz，1646—1716），德国犹太族哲学家、数学家，历史上少见的通才，被誉为17世纪的亚里士多德。

② 伊曼努尔·康德（Immanuel Kant，1724—1804），德国作家、哲学家，德国古典哲学创始人，其学说深深影响近代西方哲学，并开启了德国古典哲学和康德主义等诸多流派。

③ 路德维希·安德列斯·费尔巴哈（Ludwig Andreas Feuerbach，1804—1872），德国哲学家。费尔巴哈对基督教的批判在社会上产生了很大影响，他的某些观点在德国教会和政府的斗争中被一些极端主义者接受。

时，的确没有明确的界限，也就难以明确划分。

康德认为理性是处于知性之上的最高一级的综合能力，在思维的作用下，不是事物在影响人，而是人在影响事物。因为人在构造现实世界，所以在认识事物的过程中，人比事物本身更重要。康德甚至认为，我们其实根本不可能认识到事物的真性，我们只能认识事物的表象。康德的著名论断就是：人为自然界立法。他的这一论断与现代量子力学有着共同之处：事物的特性与观察者有关。自然虽然有其自身的组成和运行规律，但是需要人对其进行定义，也就是人类的思维对外部世界的认识是有局限性的。我们必须要尊重外部世界的对立性，但我们却能够根据我们的逻辑来解释外部世界。我们思维求真的过程，需要通过行动求美来表达内心的善意，这是我们对待外部世界的正确态度。

正如费尔巴哈所认为的那样，人是以自然界为基础的，人与自然界是不可分割的物质统一体。人是自然界的产物，又是自然界的一部分，人的思维又是以自然界为内容、凭借身体和思维同自然界发生联系，凭着人的本质来认识自然界，实际上不过是自然界自己认识自己，因而是完全可能的。我们看到这些观点，几乎都是符合认同的基本思想的。

大脑是肉体，灵魂与大脑分不开，没有大脑活动便不能思维，二者有差别，但统一于人本身。所以，以人为基础的灵魂与肉体的统一实体，是正确理解思维与存在统一的前提。必须以人作为思维和存在统一的主体和基础，才能正确解决思维和存在何者为第一性的问题。

自然界是唯一实在的，除了自然界和人之外，再没有其他东西。神和上帝是人自我异化的产物，是人创造了神和上帝，不是神和上帝创造了人。自然界产生了人，人及其思维器官都是自然界的产物，离开了自然界，思维便不能存在，不是精神产生自然，而是自然产生了精神。

黑格尔①把整个世界视为"绝对理念"②自身演化的过程，认为绝对理念自身包含着既对立又统一的两个方面。绝对理念外化为自然界，自然界的演化又产生具有自我认识能力的人类和人类社会。人类的认识由认识自然界，逐渐向认识自己和认识意识自身发展，最后达到绝对理念的完全自我认识，整个世界便又回归到了绝对理念自身，这个绝对理念本身就是认同的反映。

西方思想注重从外部世界的研究入手，从自然的角度来解释世界是统一的物质存在，人和自然是一体的，这是符合认同思想的。在此基础上，思维在认识自然世界的过程中，逐渐的也在发展思维本身，也就是求真是一个可以不断深化的过程。这个过程使我们认识到外部世界具有完美的秩序，在一定时间内保持着完美的平衡。对于这个完美世界的认识推动我们内心和自然一体的意愿发展，也就是产生善念，而善念则使我们更加希望维护外部的平衡。在西方哲学的基础上，西方的经济学和管理学更进一步对社会和组织运行进行了探索和分析，这些理论已经成为现代经济学和管理学的基本框架。建立在供需平衡和分工合作基础上的知识，在日常生活中发挥着巨大的作用。任何一个生活在其中的人，都能够体会到这些理论和制度是认同思想的具体反映。

---

① 格奥尔格·威廉·弗里德里希·黑格尔（德语：Georg Wilhelm Friedrich Hegel，常缩写为 G. W. F. Hegel；1770—1831），时代略晚于康德，是德国 19 世纪唯心论哲学的代表人物之一。黑格尔出生于今天德国西南部巴登-符腾堡首府斯图加特；卒于柏林，去世时是柏林大学（今日的柏林洪堡大学）的校长。许多人认为，黑格尔的思想，标志着 19 世纪德国唯心主义哲学运动的顶峰，对后世哲学流派，如存在主义和马克思的历史唯物主义都产生了深远的影响。更有甚者，由于黑格尔的政治思想兼具自由主义与保守主义两者之要义，因此，对于那些因看到自由主义在承认个人需求、体现人的基本价值方面的无能为力，而觉得自由主义正面临挑战的人来说，他的哲学无疑是为自由主义提供了一条新的出路。

② 绝对理念：19 世纪德国古典哲学家黑格尔，G.W.F.客观唯心主义哲学体系的基本概念。指作为一切存在的共同本质和最初的原因，先于自然界和人类社会永恒存在的实在，按照正反合的顺序生长发展。它经历了逻辑阶段、自然阶段和精神阶段三个阶段。在这一广泛的意义上，绝对理念可以和绝对精神互用，是黑格尔哲学的唯一对象和内容。

第三节 认同的价值和意义
第一章 认同理论概述

上者

下者　　中者

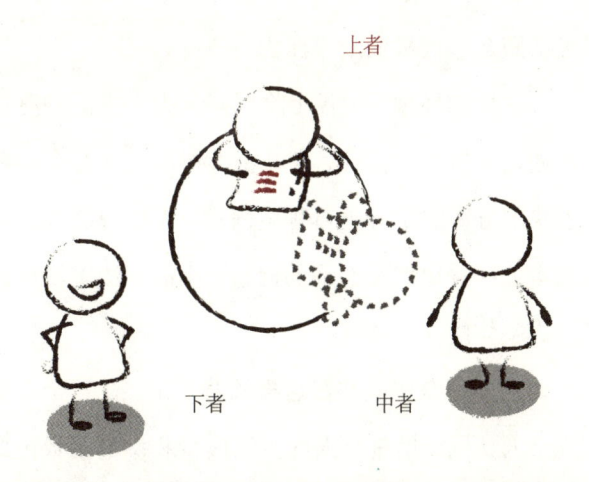

上者闻道，勤而行之，中者闻道，若存若亡，下者闻道，大笑之

人类文明已经有成千上万年的历史，作为个人、组织和社会发展的指导，这些文明也积累传承了大量的思想著作。由于受社会发展阶段的限制，或者受社会阶层的限制，很多思想现在看来有一定的局限性。

在人类目前的发展阶段，个人基于本我快乐原则，对物欲的追求和攀比，使个体无法坚守与自身行动相匹配的意愿，产生了巨大的自我内在压力。如果不把个人意愿中的"善"发挥出来，寻求与外部的连接，就会过分注重"小我"的利益。现代人在自我封闭下，体力和精神都已经大量透支，导致抑郁症已经成为一种常见的病症。这些患者或者失去了生活下去的兴趣，或者失去了继续完善自我的动力，这无疑是和人类发展目标不相适应的。

从组织角度来看，除去少量的国家和地区，如《共产党宣言》里所说，全世界的资产阶级压迫全世界的无产阶级的格局已经初步形成。底层人群因为竞争的劣势，处于一种对社会、组织和个人整体缺乏认同的阶段，承受着物质和精神的双重折磨。以人才精英为核心的中产阶层虽然收获了一定的经济利益，但是也因为前途的不确定，处于一种文化和价值的摇摆状态。即使是资产阶级，由于其嗜血的本性，无法从财富洗掠中收手，但是却要承受世界经济和金融危机的双重压力。①

在这样的环境下，各个阶层都无力去突破制度惯性的限制，中上层阶级只能通过全世界的流动，来减少阶层压迫和社会动荡带来的隐患，但是这只能解决部分人的部分痛苦程度问题，无法解决根源问题。因为这种流动不会从根本上缓解他们所面临的问题，不但无法增加他们的认同程度，而且增加了世界整体的秩序紊乱。

认同理论希望能够在这样的背景下，在三个方面起到一定的作用。一是实现个人认同，增进个人的生活质量和幸福指数；二是实现组织认同，提升

---

① 这是所提到的阶层、阶级只是对财富多寡的区分，不带有其它含义。

组织的治理结构和运行效率；三是实现社会认同，促进社会的公平和可持续发展。

个人认同是个人生活质量和幸福指数的基础指标，如果没有个人认同，所有的财富、权力和名望都是没有意义的。在真善美的基础上，追随自己的意愿，丰富自己的思维，采取自己的行动，将三者形成一体，从而获得自身的生存和发展，这是一个人的基本权利。我们有幸生活在这样一个转折的时代，哪怕是独裁者都要借自由民主之名来推行自己的主张，自由选择人生的道路正在成为现实。

在个人认同三角中，行动和意愿的连线形成了一张弓，善的意愿和美的行动两相呼应，两者的力量决定了弓的宽度。个人的行动和意愿形成自己这张弓的宽度，思维的深度决定了箭的力量，思考的越深，箭的张力越大，也就能够获得更远的目标。行动、意愿和思维形成的三角形面积越大；真善美带来的回报越大；个人的认同度越高，越能获得自身的幸福感。

思维层次与我们认识自我、组织和社会的能力相对应，深度分为三个层次，是一个逐步深入的过程。这种深入的过程，也就是实现知行合一的过程，也是一个在意愿引领下不断提升自己认同能力的过程。

每个人的思维首先是自我的满足，就像本我要满足自身的快乐，这种满足的关键是身心建立起和谐一致的转化关系。基于自身的意愿通过思维得到顺利的转化，形成符合意愿的行动，行动的满足又产生更高的目标，转化为自身的意愿。个人在这个过程里面获得了安定和满足，自然也就获得了幸福感。

就像孩子希望父母能够开心，这就是我们意愿中的善，这种善是发自内心的。当我们没有认同作为指导思想的时候，我们的行动并没有连接到内心的意愿，不知道什么是美。所以有些时候我们的行动能让父母开心，有些时候却会让他们不开心。当我们建立起连接的时候，我们思维层面就通过对两者之间的联系去寻求规律，也就是寻求真的帮助。当我们再采取行动的时候，我们就将内在的善转化为外在的美，就可以获得父母的开心。

当我们满足了"小我"的要求之后，才能打开思维的大门，扩大我们认同三角的面积。在认同思想指引下，我们首先要基于内心的善，也就是如何和其他人进行连接，建立起相互认同的关系。这时候我们就应该从"我善我美"转化为"人善人美"，意愿驱使思维继续下沉，求索和其他人的连接。意愿通过思维，转化为让其他人满足的行动，使我们的善得到了对方的认可，建立起牢固的组织结构。我们自身的利益得到了更大程度上的保障，降低了潜在的风险，形成了以共同意愿为核心的组织价值。这时个人认同开始向组织认同发展，通过自身意愿和组织价值的连接，思维开始转化为组织的结构层面，自身的行动也会带动更多人的行动，扩大了认同三角的面积，形成了更高层次的认同。

在思维下沉的第三层次，我们连接的已经不再是社会局部，而是向整体发展，不再着眼于短期的利益，而是向长期利益发展。这时候的个人意愿不仅仅是和组织价值接轨，而是和社会文化接轨。个人思维穿越组织的结构和流程，直接作用于社会的经济层面，去推动经济的整体发展。个人的行动也不局限于局部的制度建设，而是面向全社会的政治治理体系，形成了社会认同。

通过个人认同三角的运行我们可以看到，个人实现认同的过程，就是一个从"小我"到"大我"的过程，从"我善我美"到"大善大美"的过程。在自我满足和成长的过程中，实现组织和社会的发展，因此认同的意义在于将个人、组织和社会的发展有机的结合起来，共同成长。

个人认同是一个自然的过程，既没有上限的限制，也没有下限的要求。

哪怕风餐露宿，也能获得心灵的安宁和行动的畅快；哪怕日理万机，也有自我奉献和承担责任的快乐。个人认同的好处就在于你可以随时开始，也可以随时停留，每一个时刻都追随自身的思想和行动。

认同思想既是心灵的归宿，也是人生进步的号角。追求认同绝不是自我的懈怠，而是一种愉快的征程。在这个过程里面，我们不断地学习、反思，去连接别人，去帮助别人，去带领组织发展，去促进社会公平，任何结果我们都可以接受，因为求仁得仁，夫复何求？

个人认同是组织和社会认同的基石，它为组织提供合格的成员，也为社会提供合格的公民。如果一个组织和社会里有越多的认同者，那么这个组织和社会就越有竞争力和吸引力。相反，如果组织和社会中充满了不认同的个体，这个组织和社会将会很不安宁。

认同理论是对个人、组织和社会都有利的理论，是通行于个人、组织和社会三者之间的统一规则。无论是认同型个人，还是认同型组织、认同型社会，任何一方面的实现都会给另外两方面带来实惠。我们在一个洁净的环境里就不会轻易抛撒垃圾，我们在一个安静的环境里就不会大声喧哗；人人都不抛撒垃圾就会有一个洁净的环境，人人都不喧哗就会有一个宁静的环境。不管是先有鸡还是先有蛋，我们能够做到哪一点，就从哪一点做起。

如果没有个人认同的支持，在现行的组织结构中，由于职能分工的存在，很多人已经成为自身岗位的奴隶，无法站在组织价值的角度去思考和行动。组织因为价值的缺失，导致组织制度和结构都失去了方向，也就无法为个人和社会提供优质的服务。实现认同型组织之后，组织的价值得到了结构和流程优化的有力支撑，组织制度和组织价值成为一体，落实组织制度就是落实组织价值，这样的组织才会有持续的生命力。

社会认同的缺失比组织认同缺失和个人认同缺失更可怕，因为它将直接扭曲社会政治文化氛围，影响到组织和个人认同的存在形式，没有人为社会的公正负责，政治成为枷锁，经济成为罗马竞技场，文化成为私利的贩卖者。经济的失常造成政治和文化的割裂，大众的权利得不到伸张，个人和组织认同的小鸟没有可以立脚的树枝。

实现认同之后，无论受了多么大的伤害，我们都会坦然接受，因为我们有自我调节的机制，不会再用第二支箭来伤害自己。无论具有多么强大的实力，认同型组织也不会去破坏社会环境，因为他们要保障自己外部环境的认同。无论遭受多大的灾难，认同型社会也不会屈服，因为他们有着共同的价值观念和信仰。这就是认同的价值，这就是认同的意义。

第一章 认同理论概述

第四节 认同理论的简要概括

世界是一体的,遵循万物一体原则。

认同理论充分吸收人类发展的各项文明成果,把社会运行的宏观过程和个人生活的微观过程结合起来;是一种跨越多个学科思想体系的个人哲学、组织方法和社会形态。认同是在万物一体原则基础上,个人、组织和社会对于真善美的实现过程。

认同理论中有九个指标,分为三组,分别是社会层面的政治、经济和文化,组织层面的制度、结构和价值;个人层面的行动、思维和意愿。这九个指标在三个"认同三角"上相互作用,形成了不同层次的认同。

1. 一个原则

认同理论的前提是世界是一体的,遵循万物一体原则。宇宙是137亿年前大爆炸的产物,所有的物质都是能量的体现,都是同源同宗的整体。地球上大概有200多万种动植物,其中动物物种有150多万种,植物大概有40万种左右。虽然人类为万物之灵,但也只是其中的一个物种。无论是肉食者还是素食者,人类都要依托其他物种的存在而存在,不能作为独立的物种生存。人类的过去、现在和未来都要遵循一个原则,就是要允许一个多样性世界的存在,我们称这种多样性的世界为认同世界,这种多样性的原则叫做认同原则。

整体意识使我们的身体更加敏锐地感受到环境的变化,体会到生命的美好,沉浸于自然世界中。也使我们的大脑更加清晰明了地记录生命的历程,筹划自身的未来路径,获得对生命的信心。更能使我们清晰自身的意愿,了解自己的喜怒哀乐,获得生命存在的意义。尤为重要的是,整体意识使身体、大脑和心灵形成一体,获得持续而可信的幸福感。

在认同原则的指引下,人类的强大在于整体,个体需要依托于整体而存在。每一个个体都是不同的,一部分个体通过一定的联系,形成一定的群体,我们称之为组织。全体的个人和组织又经过一定的外部联系，形成更大的一个生存空间，我们称之为社会。我们应该承认个体之间是不同的，组织和组织也是不同的，社会和社会也是不同的，只有对于不同的承认，才会有相互之间的认同。

个人的力量是非常有限的，即使实现个人认同，也需要有一个良好的组织和社会环境的保护。从这个意义上说，个人认同并非仅仅是个人的事情，当外部环境出现问题的时候，我们也需要积极参与组织和社会的认同建设。

社会认同经历了三个阶段：第一个阶段是以建立社会秩序为原则的农业社会，这个阶段社会强调的是政治，组织强调的是制度，个人强调的是行动；第二个阶段是以社会发展为原则的工业社会，这个阶段社会强调的是经济，组织强调的是结构和流程，个人强调的是思维；最后一个阶段是以社会参与为原则的认同社会，这个阶段社会强调的是文化，组织强调的是价值，个人强调的是意愿。这三个阶段在人类社会中长期同时存在。

2. 两个连接

认同是人内在善到外在美的连接，真善美是我们思维、意愿和行动的原动力。认同思想来源于人类为了自身幸福，本能中对真善美的追求。"真"是大脑中人们思维对于意愿和行动联系之间的求索过程，使我们认识真实的自己和世界，用行动真诚的表达自己的过程。"善"是我们内心意愿的人性反应，是我们不可磨灭的良知，使我们愿意和外部世界建立起和谐的关系。"美"是我们对万物一体思想做出的行动反应，用以表达我们内心的善意，使我们的行为符合外部世界的运行秩序。

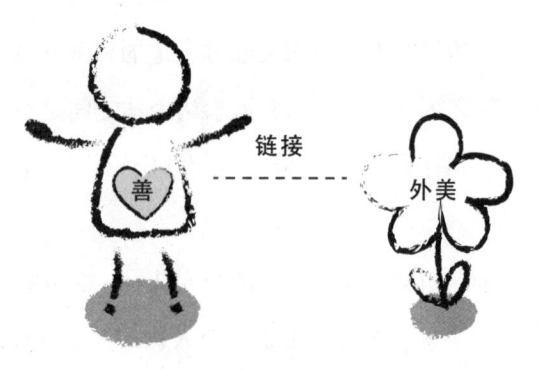

图6 两个连接

"善"和"美"是同源的，都是演化自羊的温顺和善，只不过一个在内，一个在外，互为镜像。在建立整体意识之后，个人通过对真善美的连接，实现自我认同。实现自我认同会实现自身的平衡，从容应对外部环境的变化，不会因为成败得失影响到自身的幸福感，达到"我心光明"的境界。

实现个人认同不代表没有痛苦和烦恼，而是能够将这种痛苦和烦恼的过程缩短。没有人能够避免外在的痛苦和烦恼，认同是将这些问题分别交给行动、思维和意愿，通过三者的协调，能够解决的尽快解决，不能解决的尽快接受。在缩短痛苦和烦恼之后，人们更能够集中精力去争取幸福的生活，而不是一蹶不振。

个人的行动是受日常习惯支配的，需要通过不断的修身实现自我行动的改善，具体可以参照儒家思想来修炼自身的美。修身是一生的事业，并且开始的越早，收获越大，所以年轻人应该将儒家思想作为基本的借鉴，得到的越多越好。组织制度和社会政治基本也是按照这样的规律进行设计和运行，因此修身也是对组织制度和社会政治的适应过程。

个人的思维是受知识结构来支配的，需要通过不断学习提升自身的思维方法，具体可以参照道家思想来修炼自身的真。道家讲究平衡和顺应自然，当得则得,当失则失,所以中年人应该将道家思想作为基本的借鉴,得失平衡。组织结构和社会经济规律也是符合自然和平衡规律的,因此自我思维提升也会促进对组织结构和社会经济的理解。

个人的意愿是受自我欲望来支配的,需要通过不断改善自身心智模式来进行完善,具体可以参照佛家思想来修炼自身的善。佛家讲究舍得和放下,不断的放下就是最大的得到,所以老年人应该将佛家思想作为基本的借鉴。组织价值和社会文化也是需要满足和协调各种欲望,因此改善自身心智模式也能更加符合组织价值和社会文化。

不同的个体通过意愿结合在一起,形成了不同价值理念的组织类型,不同的组织类型通过价值理念结合在一起,形成了不同文化的社会类型。个体追求的是幸福,组织追求的是效率,社会追求的是和谐。个人幸福、组织效率和社会和谐的有机结合,就是个人、组织和社会之间的认同,这种认同形成了现代意义上的国家。

3. 三个三角

个人认同三角:个人对于幸福的实现有三个指标——行动、思维和意愿。行动是身体层面的,思维是大脑层面的,意愿是精神层面的,这三个指标构成了人的整体。行动是意愿的直接体现,也是意愿的反映;思维是行动和意愿的连接,思维越丰富,路径越宽阔;意愿是人实现幸福的动力,有意愿的人不会轻易失败,能够克服一切艰难险阻。

组织认同三角:组织也有三个指标——制度、结构和价值,分别对应着多个人的行动、思维和意愿。制度是组织的基础,没有制度保障的组织是混乱的,很难确定组织的边界,更难以规范组织成员的行为。结构是组织运行的内在逻辑,也是组织实现内部流程的保障,向下承接制度的落实,向上保障组织价值的实现。价值是组织存在的意义，也是组织内部成员形成统一力量的引导，决定着组织在社会中的地位，有更高价值理念的组织具有更强的生命力。

社会认同三角：社会对于公平的实现有三个指标——政治、经济和文化，分别对应着全体人的行动、思维和意愿。政治是社会的秩序保障，决定了社会组织和成员能力的高低，是社会公平的调节器。经济是社会运行的核心，主导着社会各阶层的生存发展方式和思维方式，是社会发展的推进器和协调者。文化是人类社会长期发展的传承基因，是人类生存发展的稳定器，有文化传承的社会不会消亡，从更长的跨度对人类社会进行规范。

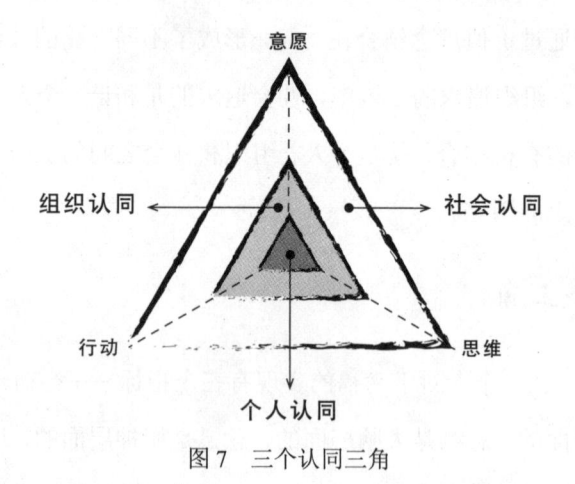

图7 三个认同三角

认同过程是由意愿中的"善"所发起，通过思维不断求真，将真实的意愿传递给行动，由行动完美地表达出来，行动再反馈回意愿，最终形成一个人循环过程。如果个人意愿基于组织价值，那么在思维求真的过程中，就要根据个人在组织中的结构，将自己的行动表达出来，达到组织制度的要求，组织制度再反馈给组织价值，最终形成一个组织循环过程。如果需要达到社会认同层次，那就要将自身意愿的"善"扩大到社会整体，基于社会文化的指引，通过经济规律的连接，个人行动达到符合社会政治的要求。

组织领导者作为个体具有自己的个人意愿，同时也肩负着组织价值形成和维护的职责，因此组织领导者的个人意愿和组织价值应该保持一致。当组织领导者的个人意愿和组织价值出现明显背离时，领导者就无法引领组织的发展。社会文化对组织价值影响强烈时，组织领导者需要引导组织价值向社会文化倾斜，以维持组织在社会中的存在。

组织中的个人出于自身成长的需要，应该将自身的行动和组织制度相匹配，将自身的思维和组织结构相匹配，将自身的意愿和组织价值相匹配。这种将个人指标和组织指标匹配的过程，就是领导者的培养，既是个人在组织内成长的过程，也是组织团队建设的过程。

个人认同到组织认同是一个层级上的飞越，个体在获得组织认同的同时，需要在个人认同的指标上做出一些牺牲。为了组织的制度，需要超越自身行动的需要；为了组织的结构，需要超越自身思维的自由；为了组织的价值，需要超越自身意愿的实现。这些超越是为了成为组织领导者必付的代价，而不是由组织中的普通成员来承担这些代价。

当组织和社会领导者确定以后，为了保持组织认同和社会认同，组织通过组织制度、社会通过社会政治来对领导者进行必要的限制。当一个组织的制度越完善，一个社会的政治越成熟，领导者的个人认同和组织认同、社会认同之间的联系就会越紧密。当制度和政治完全固化的时候，组织和社会也就失去了应有的环境适应能力，需要通过调整组织结构和社会经济来进行改善。

4. 九个指标

行动：个人行动是外在美的直接表现，也是检验是否认同的基本方法，无论一个人号称自己的认同层次有多高，只要看看他自身的行动就能得出清晰的结论。无论从哪个层面来看，都需要给踏实行动者以掌声和激励，保护他们就是保护认同的基础。

思维：个人思维是内在求真的保障，如果没有一定的思维能力作指导，行动就不能达到应有的效果。思维虽然不能直接观察，但是会通过更有效的行动进行体现。思维不是凭空产生的，需要不断的观察和内省来实现，也需要与不同的思维进行交流，以产生更加全面的思维视角。

意愿：个人意愿是善念的起点，是认同的内在源泉和动力，是个人幸福感的归宿。意愿中的"善"是人与生俱来的一种能力。由于个人意愿的存在，我们不需要外部的指引就能知道善恶，就能找到自身的方向，就能获得内在的满足。

价值：组织价值是从个人认同到组织认同的关键，代表关注点从自身转移到组织上。这一步主要是寻求个人意愿和组织价值的一致，只有两者一致，才能使个人在工作中以组织利益为首要任务，在两者出现冲突时，个人意愿为组织价值做出适当调整。

结构：组织结构将组织价值通过结构和流程固定下来，使组织价值渗透到组织中的每一个岗位，并将这些岗位有机地联系起来，灵活的应对外部环境的变化。关键是组织结构围绕组织价值，形成跨界解决问题的能力，通过自身结构变化去提高组织效率。

制度：组织制度将组织结构和流程用制度进行规范，使组织整体有一套可预期的行动方式。无论出于何种认同层次的人，都要同样遵守组织制度，保证组织的基本运行。组织制度作为行动规则，只能对个体的身体进行规范，因此是组织运行的底线，并不能保证组织成员能够积极完成组织价值。

政治：社会政治是组织认同转化到社会认同的关键，代表关注点从组织转移到社会层面上,也就是组织制度和社会政治应该保持一致。当组织制度和社会政治运行出现不符时,组织制度必须要进行调整,以满足社会政治的需要。从组织领导者向社会领导者转化,必须要站在更广泛的利益上规范自身的行为,包括自己所领导的组织。

经济:社会经济是政治运行的基础,社会政治一定要建立在社会经济的基础上,使得社会整体得到发展和提高,才能建立起社会认同。而经济的发展需要激发组织结构和个人思维的活力,实现全社会力量的整合。

文化:社会文化是实现认同的最后一步,也是认同的最高境界,将组织价值和个人意愿统一在一起。虽然个体有着不同的意愿,组织有着不同的价值,但是却能够相互依赖,相互支撑。通过文化认同,将各种力量有机地结合起来,能够应对各种环境变化形成的挑战。

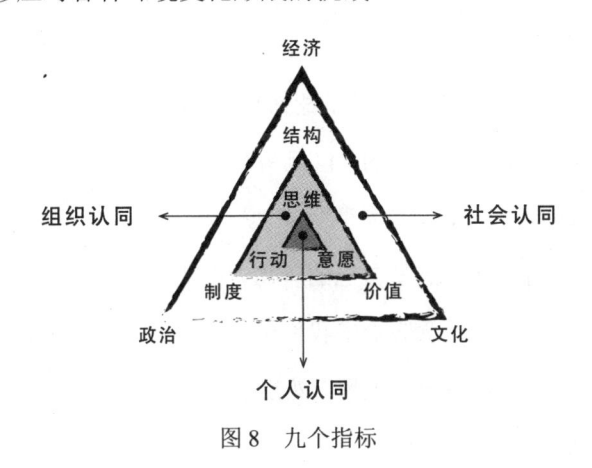

图8 九个指标

如果说政治是一个庄园,那么经济就是一片田野,而文化则是整个自然环境。所有的粮食都要进入庄园,在庄园里进行分配,而粮食却是在田野里生长和收割,自然则是田野生成的必要环境。只有自然、田野和庄园的相互协作,人们才能享受丰收的喜悦,这种协作就是认同。

5. 三种类型

　　站在个人、组织和社会不同的角度看认同，我们就得到了认同型个人、认同型组织和认同型社会三种形态，如同亚里士多德提出的三层分析法，分别代表了一个人、一群人和社会的认同状况。一个人用意愿上的善，通过思维上的真，获得行动上的美，我们称之为认同型个人。一群人通过不同意愿形成共同价值，通过不同思维形成共同结构，通过不同行动形成共同制度，成为一个整体的组织，我们称之为认同型组织。全体人通过不同意愿和价值形成文化，通过不同思维和结构形成经济，通过不同行动和制度形成政治，成为一个整体的社会，我们称之为认同型社会。

　　认同型个人是指实现了行动和意愿统一的个人，意味着能够接受万物一体的概念，个人行动所代表的身体、思维所代表的大脑，以及意愿所代表的心灵实现了协调一致，善念在真诚的思维作用下成为外在的美德。在生活中，自己所做的恰恰是自己所喜欢的，自己所喜欢的又恰恰是自己所做的，依据自己内在意愿进行引导。

　　认同型个人的认同起点是自己的善念，也就是内心所产生的意愿，这是认同的最核心因素。这种意愿给了我们最初的信心，使我们愿意去弘扬它。我们从自己的内心发掘自己的意愿，然后通过意愿地指引，用思维去真诚地认识自己，形成我们基于意愿的行动。

　　在自我的世界里，人生而平等，但是在具体的世界构成中，每个人扮演着不同的角色，从事着不同的职业。这些职业如果能够和我们的意愿和能力相匹配，我们就能获得融入整体的美感，如果不相匹配，我们就会调整自己的思维，或者转变自己，或者选择离开。在不同的社会分工中，无论是达官贵人还是贩夫走卒，都应该有着自己的快乐和烦恼。人生的路只有一条，鱼和熊掌无法兼得，我们应该从这样的遗憾中摆脱出来，把自身意愿和行动协调好，从而增进自身的幸福。

在意愿和行动之间，我们通过自己的理性思维来协调两者之间的关系，区分善恶美丑。也就是通过思维真诚的下沉，实现我们对真的求索过程，也是实现我们自身不同认同层次的过程。根据下沉层次不同，我们可以得到对我们自身的真——"我是我自己"，对外部其他人的真——"我是他人"，对全体社会的真——"我是整体"，甚至是对世界万物的真——"我是宇宙"的不同层次。

这四个层次我们可以简化为"无善无美，我善我美，人善人美，大善大美"。每个人和世界的互动就是从他如何看待世界开始。我们自身的态度是一个起点，接下来的就是外部世界对我们的回应，以及这些回应再引起我们自身的回应。从一开始意愿和行动之间没有关联的混沌状态，到通过思维的积极介入，开始对真的求索，我们逐渐地认识到我们自身、周围的世界和整体的世界，逐步建立起自我认同的关联和组织认同的关联，以及社会认同的关联。我们越认识真实的世界，就越能够将自身的善意传递给外部世界，成为整体美的一部分，个人也就变得越来越强大。

从个人角度来看，我们需要融入到外部世界，形成一个完美的整体，行动就需要接受来自组织制度和社会政治的规范。整体秩序是社会存在的第一要素，没有秩序的社会就是地狱，这也是人们有时候可以忍受个别不公正待遇的原因。从社会政治到组织制度到个人行动，是一个基础性的要求，需要严格的遵守，否则将会受到一定的惩罚。制度是我们和他人行动互动叠加的结果，因此一定要规范自身行动，避免对组织制度和社会政治的挑战。虽然社会政治和组织制度是为了规范和保护个人，但是这种规范和保护是针对整体的，不一定符合每一个人自身的要求。所以说社会整体之美，不在于它的绚烂夺目，而在于它的有序运行。

社会在一定区域内是一个整体，将个人、组织和社会三者结合起来，我们就得到一个整体的认同结构。我们可以把社会整体看作是一个鱼骨结构，政治、经济和文化是鱼头部分，是宏观社会的认同；制度、结构和价值是鱼身部分，是中观组织的认同；行动、思维和意愿是鱼尾部分，是微观个人的认同。

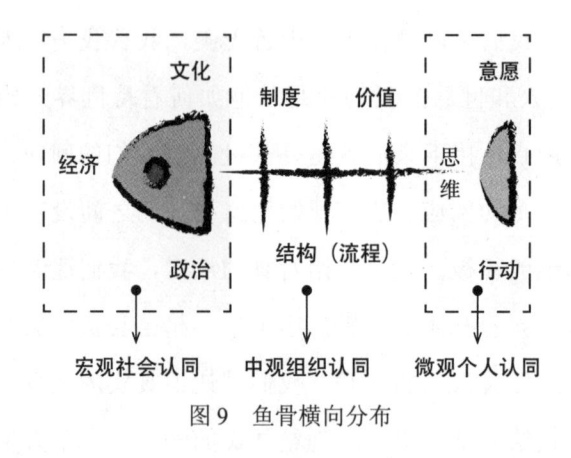

图9 鱼骨横向分布

从鱼骨的纵向看：主干是经济、结构和思维，基于个人对真诚、真实和真理的求索，是认同实现的方法；鱼骨的左侧是政治、制度和行动，基于个人对秩序和完美的塑造，是认同的基础力量；右侧是文化、价值和意愿，基于个人对友善和团结的追求，是认同的引领力量；在中间"真"的连接下，左右两侧的"善"和"美"结合构成了认同。对于个人就是"良知"引领下的知行合一，对于组织就是良好价值引领下的制（度）（价）值合一，对于社会就是良好文化引领下的政（治）（文）化和一。

图10　鱼骨纵向分布

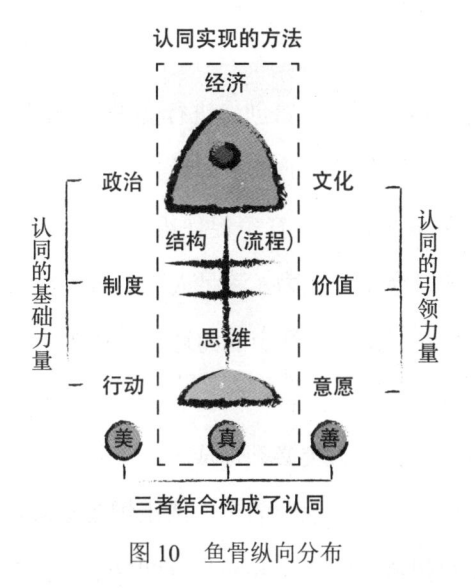

政治是社会治理的强制性力量，它通过对人类社会财富和权力进行分配，从而对人的行动起到规范作用。表现在世界范围是一种政治秩序，表现在国家范围是一种政治治理方式，表现在组织和个人是一种利益分配形式。政治作为财富和权力的支配力量，既有随着人类发展而发展的普遍性，也有不同地理、历史条件下的独特性。

政治的直接表现形式为各种社会制度和组织制度，这些制度以强制性的方式规范着人们的行为。不同的政治体系决定了不同的制度形式，不同的制度形式又决定了不同的行为方式，所以政治体系直接决定了社会的面貌，可以从外在的行为观察到政治的运行。

政治是一种秩序的体现，反应的是一种完美的运行体系，所以政治运行力求精确，避免无意义的扰动行为产生。由于政治本身不产生财富，而只是约束财富和权力的分配，因此政治和它所衍生的各种制度运行应该尽可能的简化，避免因此产生太多的运行成本，增加人们的负担。同时社会政治应该尽可能的维护社会的秩序和公平，抵消人们因为遵守制度约束所带来的自由损失。

经济在社会生产中起着对财富创造进行促进和分配的作用,有着自身运行的客观规律,是人类社会发展的核心力量。经济运行的核心在于生产交换过程中所形成的各种竞争,这些竞争促使组织和个人全力投入各种生产要素,从而形成巨大的社会生产能力,满足人类的各种需求。经济的分工、生产、交换和竞争等特性使得人类社会的沟通交流成为一种必须,促进了政治和文化的发展。

经济生产的多样性促使人类必须形成一种天然的平等,以此来保障经济运行的合理性,否则具有支配地位的个人或组织就会破坏经济的正常运行。经济生产本身主要承担财富的生产和初步分配功能,不能承担财富的再分配功能。一旦在经济生产中完全形成社会财富分配功能,将会对政治、经济和社会文化产生毁灭性的影响,将会影响正常的社会秩序。

因对利益的追逐和竞争,社会产生了各类组织结构,这些组织结构根据自身的社会分工,逐步演化出自身和社会经济运行相适应的功能。在这些组织中,人类的思维方式自动向自身所在的结构位置靠拢,形成自己的思想,并影响着自身的行为方式。由于人类物质文化需求发展越来越多样化,所以组织结构和个人的思维方式也越来越多元化,这也是和经济发展相适应的,很难人为的进行调整,必须要对其运行规律给予必要的尊重。

文化是人类文明发展的载体,存在于每个人的心中,是纠正人类偏离发展轨道的一种力量。文化本身不生产财富,也不分配财富,但是对人类财富的生产和分配起着引领作用。文化是人类生产进步的原因,也是人类生产进步的结果,因此不同的政治经济发展阶段,文化既是一种引领力量,也是一种均衡协调力量。

多元化的社会文化会形成不同的组织价值,这些组织价值都是社会文化主体的一部分，既相互区别，又相互联系，不会因为具体目标上的不同而产生对立。组织价值直接影响着组织结构，同时也规范着组织中个人的意愿。社会文化、组织价值和个人意愿形成的引领力量，指导着其他方面的具体存在。

组织结构是多个人思维互动叠加的结果，因此个人思维要受到组织结构和社会经济的影响。一个人在组织中的不同地位，不但决定了一个人的权力和责任，还影响着一个人的思维方式，自然也就影响着一个人的决策方式。不在其位，不谋其政，职责是和思维结合在一起的，如果要某人承担某项责任，最直接的办法就是调整到合适的位置。同理，社会经济发展阶段和运行模式，也影响着组织的结构方式，从而间接影响着个人的思维方式。从社会经济到组织结构，再到个人思维，这是认同的决定力量，也是社会发展的主要动力。

譬如说在传统产业领域，为了提高经济效益，主要问题是提高效率、降低成本，因此生产是关键部门，运作管理就是关键岗位，个人的思维会倾向于如何提高运行质量。而在新兴产业领域，主要问题是创新，因此研发部门就会成为关键部门，科研人员成为骨干力量，个人的思维会倾向于如何创造性地解决问题。一个人的思维和他在组织结构地位的匹配程度，决定了他对于组织的适应程度，也决定了组织对他的评价。而个人思维方式和社会经济发展的匹配程度，也决定了个人在社会发展中的价值和地位。

基于"善"的多人意愿互动叠加构成了组织价值，因此个人意愿必然受组织价值和社会文化影响。一个人为了自身发展和强大，必然要将自身意愿和组织价值相融合，争取得到组织的认可。组织为了自身的发展，也需要和社会文化相融合，这就形成了社会文化到组织价值，组织价值到个人意愿的纵向连接，成为实现认同的引领力量。不同的组织和不同的社会中，个人意愿和组织价值也大不相同，这就形成了更加丰富的人类发展道路。

如果社会是一种开放的文化，那么组织价值就会倾向于多元化，包容各种不同的思想意愿，个人也就愿意提出不同的意见建议。反之，如果社会倾向于保守封闭的文化，组织价值就会趋向于单一和绝对化，个人意愿也很难得到充分的表达。

认同型个人虽然受组织和社会的影响，但是核心还是个人认同的塑造，也就是行动、思维和意愿在真善美上的协调统一。根据个人认同发展的不同程度，可以去参与组织或社会的管理，形成更高层次的认同；而组织和社会通过纵向连接来影响到个体，个体也通过纵向连接去反馈给组织和社会，最终实现个人、组织和社会三者之间的认同。

认同型组织是认同型个人和认同型社会的中间体，承接着个人和社会之间的联系，成为宏观社会到微观个人的桥梁。组织主要有三个要素：制度、结构和价值。组织制度是组织的基本保障，任何组织都需要有一定的制度来规范组织的运行，也是组织最为直观的表现。在组织制度后面，是组织的结构和流程，这是组织运作的核心部分，分析一个组织的形态，最为重要的就是看它的结构和流程。组织价值是组织存在的意义，一个组织通过实现自身价值来维持组织的生存。制度、结构和价值三者的协调统一，形成了认同型组织。

以毛泽东在 1927 年主持的"三湾改编"为例：当时起义部队减员较大，组织很不健全，思想相当混乱。毛泽东通过整编部队，把原来的师缩编为团，把党组织建立在连上，建立官兵平等的士兵委员会制度。这些措施有效地保持了红军的价值理念，维护了军队制度的严肃性，提高了组织的认同。这里采取的具体措施就是通过调整组织的结构和流程，来保障价值和制度的实现。

在认同型组织中，每个人通过组织结构协调自己的思维方式，参与组织的运行，通过组织价值协调自己的意愿，追随组织的目标方向，通过组织制度规范自己的行动，执行组织的具体要求。从组织价值到组织结构，从组织结构到组织制度，然后通过组织制度去影响组织的价值，这样就形成了一个组织的认同循环。

当我们分析一个组织的认同程度时，我们需要观察三者之间的协同关系，认同型组织应该有着和组织价值相匹配的制度和流程。组织结构所起的作用类似于思维在行动和意愿之间的作用，就是通过结构和流程的不断优化，实现制度和价值的结合，尤其是优秀组织价值的落实。

认同型组织通过制度来规范组织全体成员的个人行为，通过结构和流程设计来汇集全体成员的个人思维，通过价值来引领全体成员的个人意愿。虽然组织的三个要素都会对个人产生影响，但是往往纵向式的直接连接更为有效。譬如说要改变一个人的思维模式，最好的办法是重新定位他在这个组织中的位置，而希望通过组织制度去要求一个人改变思维方式是非常困难的。

认同型组织是受社会环境影响的，也是社会认同的产物。一个组织的制度建设，往往和一个社会的政治有着非常直接的联系，而组织结构和组织价值往往也受社会经济和文化的影响。所以说，认同型组织不但要实现组织成员的个人认同，也需要有一个良好的社会环境。

认同型社会是认同的最高层次，需要实现政治（所有人的行动）、经济（所有人的思维）和文化（所有人的意愿）三者之间的协调。经济作为政治和文化之间的协调机制，起着和思维相似的作用，既促进政治和文化的统一，又保障优秀文化的落实。经济是实现社会认同的协调力量，政治是社会的基础力量，文化是社会的引导力量，三者作为宏观环境从纵向影响着组织和个人。

经济主要承担着人类社会财富的生产创造工作,政治主要承担着人类社会财富的分配保障工作,文化承担着社会发展的传承和平衡工作。因为经济主要承担着财富生产工作,也就需要激发大家的积极性,通过组织和个人的分工合作来实现,这些分工合作就是具体的组织结构和流程最终落实到个人的思维中去。政治承担着财富的分配保障工作,也就是通过各种制度去规范人们的行动,实现社会财富的有效分配。文化承担着财富的协调平衡工作,利用文化特有的人性特点,去协调、平衡无法用政治制度和经济结构来规范的领域,维护社会的认同。

从社会文化到社会经济,从社会经济到社会政治,然后从社会政治再返回到社会文化,形成一个社会层面的认同循环。我们基于人类的天性去创造和分配财富,又通过组织和个人的纵向认同落实到具体的个人,形成既富有效率又兼顾公平的社会认同模式。

第二章 建立认同

第一节 认同建立的背景与条件

- 认同的缺失
- 自我信念的迷失
- 领导力的缺乏

1. 认同建立的背景

即使最为乐观的人也能感受到当今世界存在的危机，自然环境的恶化、贫富差距的扩大、自我信念的迷失、领导力的缺乏，在不同地区或多或少的存在，并有不断蔓延的趋势。这些问题的产生和发展，无一不是和认同缺失有关，从自我认同的缺失开始，一直到组织、社会和大自然的认同。

认同缺失的核心在人，由于人自身的真善美被层层蒙蔽，无法唤起我们自身的认同。科技的发展给我们展示了一个光怪陆离的世界，对物欲的追求使我们自愿戴上了厚重的枷锁，现实在我们眼里已经成为一个巨大的竞技场，我们在战胜别人的时候，正在不断的迷失自己。真善美已经成为奢侈品，被当做装饰的工具摆上神坛，我们无缘一窥它的真容。事实上，真善美从来没有离开过我们，只不过一直被蒙蔽，我们需要做的就是倾听自己内心的声音，开动自己独立的思维，做出我们真诚的选择。

人类不得不做出一种判断，到底是继续无所作为的认命？还是该联合起来改变这一切，实现个人、组织和社会的认同？从长远来说，人类社会是认同的产物，也必然会形成认同型社会，但是这样自发的一个过程却是漫长的，需要我们自觉的塑造。

选择认同还是认命，无论对于个人还是社会，如何选择是一个重要的决定。如果选择认命，个人虽可以苟全，但是要放弃个人意愿和组织价值，社会虽然可以拥有短暂的稳定，但是却无法获得长期的安全。在这样一个大变局的时代，无论是个人的权利和自由，还是社会的发展和繁荣，都给这个时代的中国人以机遇。改变"穷则独善其身，达则兼济天下"[1]的传统思想，建立认同而不认命的现代意识，我们才能找回自己和我们的家园。

---

[1] 转引自《孟子·尽心上·忘势》："穷则独善其身，达则兼济天下"。

最初关注"认同"这个概念，是从研究领导力开始的。怎么判断领导力的强弱？无论是领导者的内在品质，还是领导者的行为方式，以及领导者和环境之间的互动反应，都很难解释个体为什么存在领导力的差异。曾经在战场上横刀立马、运筹帷幄的彭大将军，在庐山会议上却被千夫所指；而党内屡遭罢黜，三上三下的邓小平，却成为全民拥戴的改革开放的总设计师，原因何在？是什么因素使得不同品质、行为和环境下，不同人表现出不同的领导力？从资历和职位来看，彭德怀对中国革命的贡献无可置疑，但是却在庐山得不到同事和昔日战友们的认同，自己的建言也无法得到重视。从个人魅力来看，邓小平长期在伟人光环下，更像一个追随者，但他不仅善于修身，也懂得保身，更敢于立身。当20世纪70年代末期，国际国内环境发生重大变化时，邓小平对中国社会发展的认识和引领，获得了大多数人的支持和认同，体现出了更强的领导力。同样一个人，在不同时期表现出不同的能力，这是传统领导科学理论难以解释的。

掩藏在领导者背后的秘密到底是什么？这是我所一直关注的问题。经过多年对领导者的访谈和研究，发现他们有一个共同的特点，就是认同，他们的行动、思维和目标顺应了历史，符合了人心，得到了包括他们自身在内的大多数人的实践验证。无论是对自我的认同，还是对组织的认同，乃至对社会的认同，都构成了他们拥有出众领导力的基石，可以说，领导力的秘密就是认同。（详见拙著《领导力的秘密》）

只要你看到他们，你就会喜欢他们，因为他们会关心你的利益；只要你和他们共事，你就会信任他们，因为你追随着他们描绘的愿景。具有认同的领导者无论从事什么样的职业，服务于什么样的岗位，都表现出与众不同的特质，都能够获得组织和社会的信任，并且自信地完成自己被授予的任务。这些领导者具有明确的目标、缜密的思维以及扎实的行动，将自己和组织利益结合在一起。他们不会轻易去改变自己的意愿,轻率做出错误的决定,肆意放纵自己的行为。无论是他们的上级领导,还是他们的下级同事,都会支持和追随他们的决策。领导者周围这种交织环绕的信任,来源于他们自身的意愿和行动,以及由此带来的他人和组织的信任,最终形成组织全面的认同。

2. 认同建立的条件

与自然界其他的生物相比,人类的力量不是来自个体,而是来自人类社会的整体,个人只有在人类组织和社会中,才能够充分发挥自己的力量。优秀的领导者能够协调自身行动、思维和意愿,充分利用组织和社会给予的认同,形成更加强大的力量,将个人认同得到更好的发挥,同时将自身的不足,通过集体的协作得到弥补和克服。

图 11 认同建立的条件

有些人实现了个人认同,将自身的"善"转换成外在的"美",自在逍遥、谦逊平和,称得上是一个君子。还有一部分人实现了组织成员的认同,推动组织的发展,可以称之为领导者。领导者将自己的意愿和组织价值相结合,形成组织的凝聚力和竞争力,促进组织目标的实现。也有人超越了组织层面,获得了跨领域的支持,实现了社会的认同,成为整个社会的领袖,他们的能力已经超出了个人和组织的范畴。领袖利用个人和组织认同的支点,形成强大的动员能力,影响、推动整个社会进步。人类的发展就是基于对优秀领导者的支持和认同，利用他们集中人类的优点，形成集体的合力。

"时来天地皆同力，运去英雄不自由"[1]，虽然我们从整体上低估了领导者的力量，但是在研究领导者认同的过程中，发现有一些外部因素是优秀的领导者也难以决定的，这就是组织和社会大环境是否认同。大厦将倾，独木难支，再好的医生在不治之症面前也是庸医。当一个组织或者社会陷入到危机中，即使最优秀的领导者也难以力挽狂澜，必须要形成新的认同才能稳定下来。

就像崇祯[2]临死都不明白自己为什么"不是亡国之君，却有亡国之祸"一样，历代亡国之君可能并不是那个朝代最差的君主，有些甚至清醒而勤政，但是却无力回天。因为当组织和社会涣散到一定程度时，领导者对于整体环境的作用也很有限，只能先从个人认同入手，才有可能从根本上解决问题。如果一个社会大部分人不能实现自我的认同，那就失去了社会存在的价值，必然难以承受外部的打击。领导者必须要有能力将自己的目标和愿景，通过和组织价值的结合，转化为全体的意愿和行动。

天下大势，浩浩荡荡，顺之者昌，逆之者亡。历史的规律总是认同获得最后的胜利，为什么？因为组织成功最终是集体力量的成功，夺取领导权的过程就是获得集体认同的过程。领导者必须顺应社会发展潮流，整合好个人、组织和社会之间的关系，而这三者之间的纽带也是认同。打铁还需自身硬，领导者通过个人认同来提升自己的领导力，再利用自身领导力去促进组织内部的认同，形成认同型组织，最终借助认同型组织推动社会认同的形成，最终实现个人、组织和社会间的连接。（详见拙著《认同型组织：个人和社会

---

[1] 转引自唐朝诗人罗隐的古诗《筹笔驿》："抛掷南阳为主忧，北征东讨尽良筹。时来天地皆同力，运去英雄不自由。千里山河轻孺子，两朝冠剑恨谯周。惟余岩下多情水，犹解年年傍驿流。"

[2] 崇祯（1628—1644）是明思宗朱由检的年号。崇祯是统一的明朝的最后一个年号，因此明思宗是明朝的末代皇帝。是中国历史上最为勤勉，同时也是最具悲剧色彩的皇帝。"无力回天"这四个字，可以概括崇祯的一生。

的连接》)

我们翻开历史，推动或者改变历史进程的无外乎两种力量——重大社会事件和科学技术进步。科学技术进步是人类长期知识传承和创造，是一种人类知识累计纵向发展的认同结果。社会重大事件往往是横向的，是当时社会综合力量逐步改变积累的结果，通过突发性的事件冲破原有的堤坝和禁锢，形成新的社会认同。具有认同的领导者在这样一个过程里，起到了化学反应中酶的作用——群体由于对领导者的认同，跟随领导者推动重大社会事件发展，接受科学技术进步，最终形成了不同的历史发展轨迹。

接受领导者权力不是历史前进的主要力量，而是必要的辅助和催化的观念，对于我们正确认识权力非常必要。认识到这一点，我们才会接受社会发展是建立在所有人智慧和力量的基础上的，才不会夸大自己的力量，也不会放弃自己应有的权利。无论是政治领域还是经济领域的领导者，都不可过分强调自我的作用，而是要凝聚组织的认同，促进具体的社会发展。

领导者要确立组织的价值，并通过具体的方向和目标，使其他人清晰地看到未来。"古之善为政者，起初不能无谤。子产[①]相郑，三年而后谤止。"领导者在开始整合不同意愿成为组织价值的时候，总是不可能没有不同的声音，这是因为其他人不知道自己将会得到什么，这时候要看领导者的行动。个人意愿一旦转为共同遵循的组织价值，并形成实际的利益，就会得到认同，民众是最为务实的，无论描述的多么美好，毕竟不能当饭吃，关键还是要看具体的利益。为了能够将认同这个概念更加详尽地表达出来，为更多人所熟知，并且推进社会的认同建设，我觉得有必要对认同进行一次整体的梳理和总结。

[①] 姬侨（？—公元前 522），春秋时期郑国人，杰出的政治家、思想家。姬姓，氏公孙，名侨，字子产，号成子。出身于郑国贵族，郑简公十二年（前 554 年）为卿，二十三年执政，相郑简公、郑定公 20 余年，卒于郑定公八年。

第二章　建立认同

第二节　认同建立的必然性和可能性

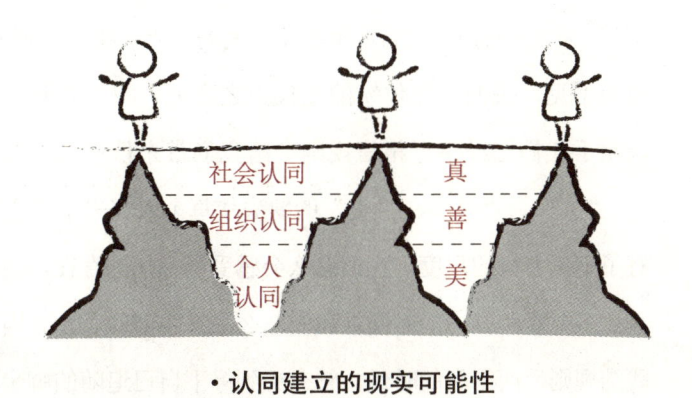

・认同建立的现实可能性

1. 认同建立的必然性

人类因为作为整体才强大是一个不争的事实，因此对于人类社会而言，建立社会认同是必然的选择。从个人来讲，一个人是否幸福，不但要看他的财富地位，还要看他的自我认同程度；一个人是否强大，不但要看这个人的个人能力，更重要的是他对组织和社会的认同程度。

"人之初，性本善"，中国的三字经导出一个朴素的事实，那就是人性中普遍存在着善意。这些善意在人类历史中发挥着巨大的作用。当我们为了仇恨，为了争夺财富、土地进行一场又一场战争的时候，当我们"易子而食，析骨而炊"的时候，当我们骑在别人头上作威作福的时候，我们会感觉到内心的不安，这种不安就是我们内在的"善"。每当我们看到环境被污染，人性被泯灭的时候，我们知道我们内心的"善"就要出来收拾残局了。

当"善"要发挥作用的时候，我们就会借助于"真"，就像医生拿出自己的药方之前，要先"望闻问切"一样，我们需要用"真"的思维去分析病因。思维的过程就是拂去我们心头的尘土，掀开遮蔽我们的物欲，找到我们自身的本源。

借助于"真"，我们可以弘扬我们本性中的"善"，形成我们行动中的"美"。我们的行动已经远远丧失了美的标准。我们不但对现代的规则和制度视而不见，我们也把传统的礼仪束之高阁，我们看到太多对于规则的破坏，以至于我们已经不再相信规则会给我们带来秩序和美好。

"真"、"善"、"美"的缺失使每个人丧失了幸福的基石，我们已经没有了衡量幸福的尺度，我们怎么会感受到幸福的存在。当我们的眼睛一直在盯着更多财富和权力的时候，我们怎么品味眼前的美食？当我们一直在看着别人践踏规则反而得利的时候，怎么想到停下自己追随的脚步？是时候该从根本上认识我们自身了。

当我们意识到个人力量的孱弱，我们才会寻求和其他人的连接，这种连接首先来源于我们的意愿。我们产生了和别人连接的意愿，就要通过行动表现出来，同时我们也通过别人的行动来观察对方的意愿。为了要我们的行动能够准确表达我们的意愿，我们必须要经过思维的有效连接。这种由意愿到思维，最终表现为行动的过程就是个人认同。

我们通过行动去感受对方，看对方的行动是否表达了对方的意愿，当两者意愿得到有效沟通和表达后，两者就建立了共同的价值理念，在价值理念的基础上形成了新的组织。我们通过一定的结构和制度完善这个组织，最终成为我们更强大力量的来源，因此认同使我们变得更加强大。

人类社会的等级结构在很长一段历史时期内不会消除，人自身的基础和能力千差万别，竞争作为一种获得社会承认的手段还会继续存在。在如此激烈的竞争中，如果没有认同的存在，大多数人不会找到属于自己的幸福，组织和社会也不会稳定。

实现个人认同的人通过对自身行动能力、思维能力的评估，实现自己意愿和能力的匹配，从组织和社会中找到自己的定位。没有实现个人认同的人，缺乏意愿、思维和行动的协调，顺境时忘乎所以，逆境时怨天尤人，对人对己都有害。

认同虽然是每一个人应该做好的事情，但是不能忽略组织和社会的影响，因此组织和社会也要实现认同。个人实现认同是一个内在状态，是内部的意愿、思维和行动的循环，同时和他相关的组织也存在一个制度、结构和价值的外部循环。当个人的内部循环和外部循环一致时，个人和组织就形成了合力，个人幸福和组织发展同时实现，但是当两者不一致时，就会产生双向的负反馈，所以组织认同也是非常重要的。

在实践中，组织不可能根据一个人的内在状态改变自身运行，只能更多地通过个人调节来实现两者的协调。具体来说，就是组织制度和个人行动发生冲突时，个人行动必须要作出调整。如果一个人无法改变自身的内在状态，也可以选择其他的组织发展，这样就实现了组织和个人之间的相互选择和流动。也就是说，认同的实现过程，也是个人发展和组织间竞争的过程。

组织具备什么程度的认同，决定了组织能吸引到哪个等级的人才，也就决定了组织自身的竞争力。从这个意义上说，不同组织间的平等也非常重要，否则将损害基于个人意愿的公平选择，导致为了进入一个具有优势地位的组织，不惜牺牲个人意愿的情况发生。

图 12 认同建立的必然性

为了实现个人认同和组织认同的统一，首先要实现个人的流动和选择自由。将人固定在一个位置上，不允许个人自由选择职业，那就不可能实现个人认同，组织也无法找到和自己团队匹配的认同者。其次要破除不同组织之间的身份差别，不能够将组织人为的分为三六九等，一旦各类组织存在事实上的不平等，将会破坏个人认同和组织认同之间的平等选择。

在个人认同和组织认同之上，社会认同更加至关重要，文化、经济和政治之间的大循环关系，直接影响着组织和个人认同的实现。从社会环境到个人发展，有什么样的文化环境，就会有什么样的组织价值，也就会形成什么样的个人意愿，这是不以人的意志为转移的。在文化引领下，如果财富的生产过程富有效率，财富的分配过程保证公平，那就会形成一个良好的社会认同，推动组织和个人认同的发展。

在现实中，财富的生产过程和分配过程很难获得平衡，生产过程的过度竞争会带来贫富分化，分配过程的过度均衡会带来效率降低，社会往往处于一种两难的选择之中。要想解决这一难题，实现政治、经济和文化的协调发展，建立认同型社会势在必行。

站在历史发展的角度上看，实现认同本身是一种价值增长的过程。在农业经济时代，土地作为主要的生产资料，农民主要通过体力劳动来产生价值。作为组织者的地主，主要通过一定的制度将农民固定下来即可，不需要太多考虑他们的意愿。社会也是如此，通过政治手段，利用专制和层级进行社会控制。在这样的社会和组织中，个人价值仅仅体现在最低层面的体力劳动，思维能力和个人意愿没有得到发挥。

随着工业革命的兴起，大规模的机器生产要求人与人之间的协作性越来越高，单纯依靠政治控制限制了经济的竞争发展，因此社会运行模式开始由政治控制向经济竞争转变。在这样的背景下，组织开始通过分工协作、设立职能部门等方式，调整和激发人们的思维方式，提升人的工作效率。从个人角度看，思维能力开始在劳动中发挥更大的作用，也就从根本上提高了人的价值，同时也拉大了财富的差距。

进入到后工业化时代，第三产业开始蓬勃发展，基于精神文化领域的需求不断扩大，社会文化开始成为发展的引领力量。与此相适应，组织开始利用自身价值来带动组织的发展，个人的意愿也因此显得尤为重要。从单纯的体力劳动到思维和体力的结合，最终到意愿、思维和行动的认同，这是一个充分挖掘个人价值的过程，也是个人价值实现的过程。作为更高层次的组织和社会,应该为个人价值的实现提供保障,这是一种历史发展的必然规律,也是不同组织和社会类型竞争的结果。

从现实的角度而言,中国社会和中国人需要尽快建立起认同思想,不但需要针对社会层面认同建设的顶层设计,也需要针对个人层面认同建设的底层设计。作为个人,总是喜欢将问题推给组织和社会,将成绩归于自己的努力。而组织和社会又往往利用自己的优势地位,把人和组织分成三六九等,人为制造出大量的不同,影响认同建设。这样做的结果就是,每个人缺少认同,无法感受到幸福;每个组织缺少认同,无法提升自己的运行效率;社会缺少认同,无法形成凝聚力。

认同是一个系统工程,个人、组织和社会都要各归其位、各负其责。缺少认同的社会会增加人们的交易成本,增加社会动荡的危险,降低自我协调发展的能力。缺少认同的组织会失去发展的方向,迷失自身的价值,带来结构的混乱、制度的名存实亡。最终社会认同和组织认同的缺失都会由个人承担代价,带来幸福感的丧失,思维的混乱和行动的彷徨。

2. 认同建立的可能性

认同的核心是人,没有人甘于弱小和孤独,这是我们坚持认同理论能够推行的信心。

认同不是一步就能实现的,需要自身的修炼和外部的实践,我们才能逐步建立起和他人的认同连接。正常情况下,每个人都根据自己的经验和习惯进行正常的生活,没有对于意愿和行动的思考,也就是处于王阳明所说的"无善无恶"状态,此时我们的行为不免会受到外部环境的侵袭,不能真正体现我们内在的意愿。即使有时体现了内在意愿,也没有善恶标准,只是一种个人意愿的自然表达。

当我们内心的善念开始起作用，内心开始具有认同思想的指引，我们的意愿和行动就有了思维来主动协调，形成我们内在和外在的认同。自我认同是认同的第一层次，通过思维的下沉，实现我们自身意愿和行动的真实连接。也就是我们的行动可以如实表达我们的意愿，我们的意愿也能获得行动真实的支持，实现我们自身求"真"的目标。

对比人类发展的过程，我们不难得到一个结论，无论曾经的状况多么恶劣，人类都会有一个美好的未来。人类之所以历经大量的自我杀戮和自然灾害还能生存，是认同思想在起着重要作用，越是社会出现动荡和不安的时候，越是认同思想正在快速形成的时候，这也是天下大势分久必合、合久必分的原因。

在传统专制结构和"和而不群"思想的影响下，中国人重视学习和自我能力提升，但是缺乏团队精神和凝聚力——独善其身有余，兼善天下不足。现实社会中大量问题都是和缺乏认同相关，我们仅仅建立个人认同还不够，还要追求组织和社会的认同。

认同的根本是政治、制度和行动的"同"，是建立在剥离身份、阶层和组织之上的平等。产生分歧的力量有很多，所有促进人人平等的努力都值得去支持，所有制造人和人不平等的行为都应该被制止，这是社会改革发展的方向。

和其他国家相比，在中国实施认同思想，具有政治上的优越性。在以社会主义作为基本制度的国家，强调人民是国家的主人，权力为全体人民所有。无论是传统文化中君臣父子的封建遗留，还是当前城乡分割的户籍制度，或是基于垄断的经营行为，都不能以冠冕堂皇的理由存在或者加强下去。

在经济方面，中国已经实施了三十多年的市场经济，并且把市场作为经济的决定性力量，为政治和文化的协调创造了条件。违反经济原则的障碍在不断被清除，经济在持续不断的发展，为各种组织生存创造了社会条件。

在文化方面，中国传统中就有"天下大同"的思想基础，也有"不患寡而患不均，不患贫而患不安"[①]的平等思想。党的十八大提出社会主义核心价值观，是对中国文化的一个总结和引导。在国家层面倡导富强、民主、文明、和谐，在社会层面倡导自由、平等、公正、法治，在个人层面倡导爱国、敬业、诚信、友善。这三个层面相互统一，都是为了个人幸福和国家和谐。

在组织中，高层领导者负责整合全体成员的意愿，描绘和推行组织愿景，形成组织的价值层面；中层领导者负责整合全体成员的思维模式，协调组织中各个部门的关系与人员分配，形成组织的结构层面；而基层工作人员负责整合全体成员的行动，推动组织制度具体执行和落实，形成组织的制度层面。

面对不同层面的利益诉求，只有高层领导者真正关心基层工作人员的利益和需要，基层工作人员才会全力支持组织价值的实现。而基层工作人员想要在组织立身，不但要遵守组织制度，和组织发展保持一致，还要将自身意愿和组织价值尽量匹配，才能获得更好地发展。如果三者各唱各的调，各走各的道，高层不关心基层生活，基层就会把组织价值当成儿戏，组织认同就很难形成。

近些年中国在经济总量上取得了成功，这是无可置疑的，但也存在一些亟须解决的问题。这些问题分布在社会的各个领域，表现出各种形式，如果要找主要矛盾，那就是认同的缺失。

当今社会中，个人层面追求幸福的意愿，组织层面追求效率的价值，社会层面追求公平的文化，三者共存，而三者之间没有形成很好的纵向认同。

---

① 转引自《论语·季氏》第十六篇："丘也闻有国有家者，不患寡而患不均，不患贫而患不安。盖均无贫，和无寡，安无倾。夫如是，故远人不服，则修文德以来之。既来之，则安之。"

形成这样的局面，有历史发展融合的原因，也有利益群体博弈的原因，最重要的是社会还存在权力倾斜和利益分配不均的问题。

解铃还须系铃人，消除问题还是要依靠发展和博弈，这是一个长期的过程，要坚持不懈，不能停滞不前，也不能急于求成。建立认同需要耐心和行动，短期内不是东风压倒西风、就是西风压倒东风的做法，必将损害社会整体认同的稳定过渡。

统筹个人、组织和社会，建立由社会政治、组织制度和个人行动相一致的认同基础，用认同的理念将三者统一起来。允许个人之间自我定位的不同、竞争结果的不同，鼓励人们创新发展，去争取更好的生活。在经济方面，通过科学的组织结构和流程，将不一样的个人认同激发出来，多劳多得。在政治方面，用平等和公正的制度解决公平问题，形成更高层面的社会认同。将国家建设成物质层面"精致"，运行层面"精确"，心灵层面"精神"的"三精社会"。

社会政治层面重点在"同"，要解决贫富分化问题，个人财产不能过于失衡，在经济上要设立个人财产、组织资产和社会资本三个层次的所有制结构。要明确保护个人财产，使每一个人愿意通过自身努力获得更好的生活品质。同时要分级管理组织资产，各类组织如果规模达到一定程度，应该将部分资产转变为社会资本，并根据资产规模进行比例递增。要公平分配社会资本，将提取的社会资本收益和每个人的利益相结合，实现调节贫富差距的作用。

形成认同的过程就是个人能力的提升过程，也是组织力量的凝聚过程，最终是全社会人力资本的提升过程。在这样的目标下，要把更多人从单纯的体力劳动转化为知识和技能相结合的劳动，这样才能提高人的价值，实现社会生产效率的提升，才能缩减贫富差距，才能扩大中产阶级的数量，实现社会更高层次的认同。这就需要组织和社会给个人以更多的学习提升机会，为不同阶层、不同年龄、不同职业的更多人建立学习平台。在认同型社会中，学习不再是职业要求或谋生手段，而是一种建立人和人之间平等，实现社会认同的生活方式。

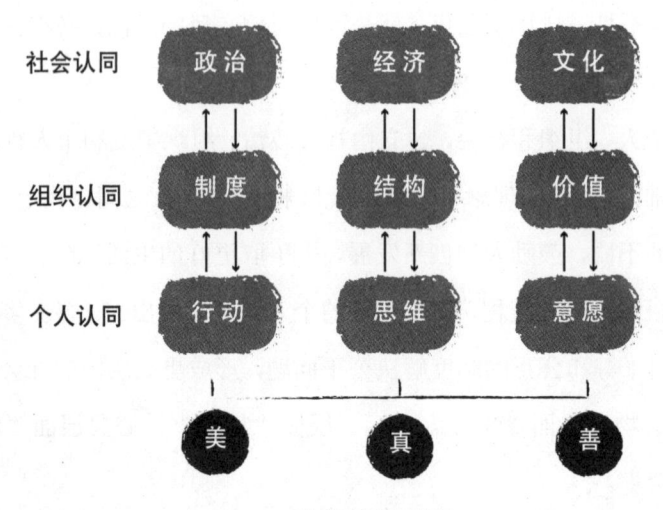

社会认同	政治	经济	文化
组织认同	制度	结构	价值
个人认同	行动	思维	意愿
	美	真	善

图 13　形成认同的过程

我们还要建立起和自然环境的认同。由于我们前进的速度过快、步伐过大，社会发展的焦点只集中在人均财富的增加上，忽略了重工业对自然环境的破坏；再有管理制度的不完善，管理人员的不作为，导致人与自然的平衡被打破，也就无法形成人与自然的认同。中国虽然是资源稀缺国家，但是从管理、技术、市场和政策各个角度来看，我们的资源利用效率跟发达国家相比是较低的，走的是高能耗、低质量的道路。这种行为不但浪费了资源，而且严重污染了环境，使中国部分城市的居住环境急速恶化。这背后的原因也有个人认同的缺失，没有人把公共环境当作自己的家园，不去限制和抵制对于环境的破坏行为，没有为子孙的福祉负责。

政治、制度和行动作为认同基础，就是大家共同遵守，共同监督，而不是组织制度说一套，个人行动做一套。不能做制度制定上的君子，制度执行上的小人——制度制定时根本不考虑执行的困难，越严越好，而执行时却又不考虑制度的严肃性，肆意破坏。结果就是自由裁量权被滥用，关系人脉和权力寻租横行，制度被选择性执行。如果法律变得反复无常的话，认同将被逐步瓦解。在制度的制定和执行过程中，只有实现真正的平等，才能使制度产生应该产生的作用。

从根源来讲，中国文化的形成过程就是认同，"道生一，一生二，二生三，三生万物"。政治、制度和行动所代表的人类秩序，经济、结构和思维所代表的人类生产，文化、价值和意愿所代表的人类理念，相互促进和融合，构成了社会的整体。

在文化层面，中华民族的形成是一个认同的过程，各个民族和区域的逐渐融合，构成了我们现在的文化体系；在政治层面，社会主义理论依托的也是认同，是马克思主义普遍真理和我国具体实际之间的认同——走自己的路，消灭剥削和贫富分化，实现共同富裕，这是全体认同的发展方向；在经济层面，市场经济也是依托于认同，自由平等的个体，通过公平的规则，利用价格机制，汇集到一起，实现个人和社会资源的有效配置。从这个意义上讲，现阶段的传统文化、社会主义和市场经济都可以用认同的思想和理论去认识，去发展。

在现阶段，一个人选择什么样的人生道路，是个人认同的结果，要协调好身体、大脑和心灵之间的关系；一个组织选择实现什么样的目标，是全体组织成员认同的结果，高层要维护基层的利益，基层要认可高层的价值，中层要做好制度的转化；中国走什么样的道路，是全体人民认同的结果，是在共同梦想下，个人、组织和社会的统一协调。对于认同的研究和探讨仅仅是一个开始，希望通过这样一种研究视角和理论，能够对建立符合中国现实的哲学和管理思想有所帮助。

从认同理论来讲，我们不是生活在身体和心灵这一条直线上"无善无恶"，而是生活在身体、心灵和大脑三者确定的平面上"有善有恶"。行动、意愿和思维构成一个基于真善美的认同三角。在行动和意愿确定的情况下，思维的下沉程度决定了认同三角的面积，这个面积的大小，决定了我们知行合一的程度，也决定了我们自身的幸福程度。

当我们的善念不仅关注于我们自己，在心灵意愿的指引下，思维引导继续下行，我们开始和外部其他人对接，站在和他人一体的角度思考问题，这就形成了组织认同。我们的意愿和别人的意愿相互叠加，形成共同遵循的价值，并在价值的基础上形成行动的统一，也就是制度建设。双方的思维互动叠加，反映在组织结构和流程中，确立两者之间的相对关系。建立和外部组织认同的过程，就是我们意愿中求"善"的过程。

虽然在思维下沉过程中，表现出来的是我们和他人两者之间的关系，但是这种关系是对不同人反复作用的过程，也就是我们会和不同的人都有这样一个相互认同的过程。这些人可能存在于同样的组织中，也可能存在于不同的组织中，这取决于我们自身的定位。

当我们的思维继续下沉，我们就会超越周围人，建立和整体环境的连接。我们的意愿会引导我们承担更多的责任，站在衡量社会的角度衡量整体的得失，形成社会认同。我们的意愿会寻求和社会文化的汇集，符合社会文化的发展方向，形成对"美"的追求。

在社会认同中，我们的行动寻求和政治的融合，我们的思维寻求和经济的融合，以实现我们的意愿和文化融合的要求。当我们建立起社会认同的时候，我们就达到了认同的最高层次，可以满足认同对于真善美的全部要求。

第二章 建立认同

第三节 认同的划分和标准

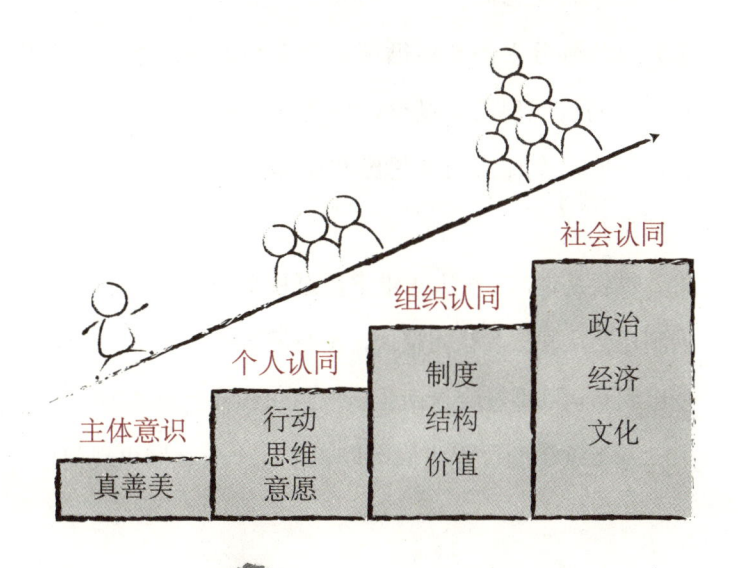

社会认同：政治 经济 文化

组织认同：制度 结构 价值

个人认同：行动 思维 意愿

主体意识：真善美

1. 认同的划分

我们知道个人有三个认同层次——个人认同、组织认同、社会认同，这是我们个人思维不断下沉的结果。我们从依靠惯性的盲目行动，到用思维逐步地去认识自己、认识组织、认识社会，形成我们对自身、组织和社会的不同认同层次。

这三个层次中，我们分别代表着我们自己、一部分人和全部人的利益，是我们在意愿引导下的升华过程。从意愿-思维-行动的循环，到行动-更深的思维-新的意愿的再次循环，随着循环的深入，我们认同的三角面积越来越大，自身的成长也越来越强。

从上面的过程可知，认同的层次是一个由个人到组织，最终到整个社会的过程，没有基本的个人认同，不可能跨越形成最终的社会认同。同时如果缺乏组织和社会认同，也会影响到个人认同的层次。

当个人认同深化为组织认同的时候，认同就从个人行动、思维和意愿的平面，转化为制度、结构和价值的立体形式，也从单纯的自我循环，上升为一部分人的整体循环。当多个人的思维共同深化时，认同型个人就开始向认同型组织进化，成为一种组织形式。同样，当思维深化到社会层面时，全体成员的思维和全体组织的结构共同参与进来，就形成了认同型社会。

也就是说，在个人思维下沉过程中，我们不但形成了个人认同、组织认同和社会认同三种认同层次，我们还通过和更多人的相互连接，形成了认同型组织和认同型社会这两种新的组织和社会形式。

基于这样的过程我们可以明了，个人认同出现问题可能有多个原因：

最直接的原因就是自身意愿、思维和行动出现了冲突，不能自我协调；其次就是所在的组织价值、结构和制度出现问题，正常的思想行为得不到正确对待，影响了个人的自我认知；最后也可能是社会认同出现问题，没有好的政治、经济和文化来维持人们的认同。个人认同问题只是个人的事情，组织认同出了问题也只是局部的事情，一旦社会认同出了问题，那大家就很难独善其身了。

个人认同是对自我得失的判断和行动上的落实，也是建立其他认同的基础。每一个人的基因都是独特的，有所长必有所短；每一个人的经历也是独特的，有所失必有所得。无论是春风得意，还是厄运连连，每个人都应该从意愿上和行动上信任和真诚对待自己。不要去仰慕权力，因为权力要和社会责任相匹配；不要去仰慕财富，因为财富要和社会贡献相匹配。人能够做的就是——争取自己所得，珍惜自己所有，乐享自己所有，这样的结果就是个人认同。

在个人认同之上是组织认同，是成为领导者的必由之路。一个人的力量是有限的，如果希望去完成更大的理想和愿景，就要有他人的支持和追随，就需要建立自己和组织的认同。一个人建立起个人认同之后，获得组织中其他人的认同是更进一步的要求。儒家说"己欲立而立人，己欲达而达人"[1]，兵家说"知己知彼，百战不殆"，道家说"胜人者有力，自胜者强"，佛家说"渡人先渡己"，讲的都是如何从个人认同到获得组织中其他人认同的过程。简单地说，在自身完善的基础上，敢于竞争和创新，兼顾各方利益，才能获得他人的追随。

建立组织认同不是简单去战胜别人，而是获得别人的追随——不应该

---

[1] 转引自《论语·雍也》。"己欲立而立人，己欲达而达人"是孔子的一个重要思想，也是实行"仁"的重要原则。如果能够"推己及人"也就做到了"仁"。

去独占成绩，应该肯定每个人的付出；不是去强调自己的答案，而是提出有价值的问题；不是去独自享用秘密果实，而是去分享所有的信息和资源；不是去表现自身行为的卓尔不群，而是要和大家共同创造；不是要去毫无根据的否定别人，而是要倾听更多的声音。总之，我们需要的是真诚的沟通，而不是虚荣的权威。个人认同是塑造自己成为一个足球运动员，而组织认同则是要将自己塑造成为一名足球教练，不要秀自己的脚法，而是去凝聚一支队伍。

组织认同是个人和组织之间的相互关系，是个人意愿与组织价值的统一，也是个人行动和组织制度的协调。组织结构和流程需要的角色五花八门，各司其职，需要不同人的共同参与。如果获得组织认同，个人能力在组织权力配合下得到了充分发挥，就能获得更大的力量，形成更高层次的个人认同。不同类型的个体都能够找到适合自己的组织，并且在组织中找到适合自己的位置，这些不同的个体形成同向的合力，使组织能够适应环境的变化和挑战。

社会认同是个人和社会之间的关系，是个人和整个社会思想的相互融合，是个人认同的最高境界。从历史的角度来看，获得大家认同的人不一定是王侯将相，而是实现了社会认同的人。在社会认同的大背景下，个人与社会的政治、经济和文化等实现了和谐统一，能够按照自己的方式获得自身独特的认同。不同的社会环境下，对个人认同有着不同的要求，作为个体需要适应社会要求的同时，也需要为良好的社会认同环境作出贡献。

个人认同层次和认同型组织、认同型社会是相互关联的，个人认同的三个层次是基础。实现了个人认同的人，就比较容易获得组织认同，从而实现社会认同。同样，一个实现认同的组织和社会，就会使每一个人比较容易地建立起自我认同。

在现实中，实现社会认同是一个动态的过程，个人和组织是实现社会认同的基础。组织或社会中总有这样一群人，他们能够通过不断的学习和实践，建立起自身的认同，又通过积极的努力和奉献，实现了他人的认同，最终带领相互认同的人形成一个认同型组织。多个认同型组织之间相互连接，逐步形成认同型社会。

2. 认同的标准

行动和意愿间的距离是弓，思维的深度是箭，当我们的弓越来越宽，我们的箭也越来越有张力，我们必然就会有更高的目标可以达到。我们在自我认同层次就能自身得失觉察，就能够塑造自身创立功业的能力。这一阶段我们的目标就是自身能力的塑造和发展，符合儒家思想，也就是积极的争取入世，修身、齐家、治国、平天下。

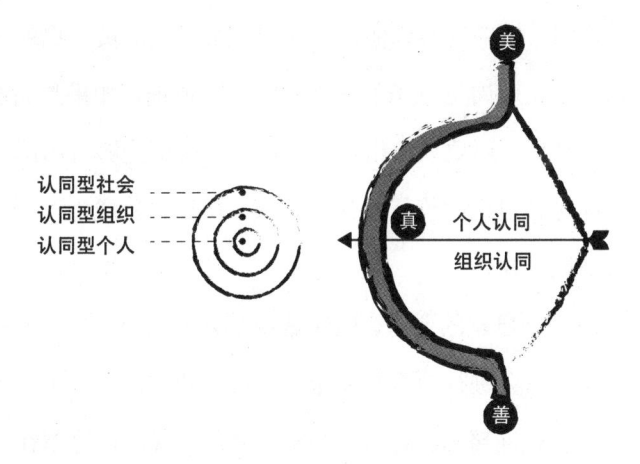

图14 认同的标准

当我们的思维继续下沉，箭的张力继续加大，我们的目标将会进一步提高，超越自我利益，站在组织的角度去行动。这时候我们将组织价值和自身意愿相结合，就超越了单纯的个人得失，开始寻求组织荣誉。同样的道理，我们还会进一步去寻求社会荣誉。

随着认同层次的提升，个人在组织和社会中的地位在发生着变化，承担的责任也越来越重要。对于大多数人而言，并不一定要达到多么高的认同层次，关键是在哪一个层次上都能获得个人认同。每一种更高层次的认同背后，都是对个人认同的一种检验。如果感觉到缺乏更强的意愿，或者力不从心，就没有必要去追求更高层次的认同。

所以说，从个人层面看，认同就是个人对自我、组织和社会的不同思维模式，无论再高的认同层次，不过是为个人认同增加一个施展的空间而已。从组织和社会角度看，一个组织中存在基层员工、中层员工、高层员工和利益相关者，这些不同的岗位对认同有着不同的要求。基层员工只要满足基本制度就可以成为一个优秀的员工，但是中层员工则必须要通过组织结构和流程，获得他人认同。如果达不到他人认同的标准，中层员工也就无法获得其他人的支持，无法完成岗位赋予的职责。同样的道理，如果是高层员工，不但要获得他人的认同，还要获得组织的认同，也就是能够有明确的价值观作为指引，自身意愿和组织的价值观保持一致。所以，要成为一个领导者，必须要超越个人认同层次。

个人认同是一个自发的要求，也就是每个人为了自身的利益去行动，至于实现与否，没有人会进行检查和要求。对自己要求高一些的，就会从个人认同向组织和社会认同努力；对自己要求不高的，就可以停留在个人自我认同的阶段，也是很不错的人生态度。

组织认同是需要个人意愿和组织价值相匹配的，只要是组织的管理者或者领导者，就需要有更高层次的认同要求。这种认同要求在个人看来是一种自我进步的表现，在组织看来是一个人才选拔的过程。每个人都有选择自己生活的权利，但是组织也有选择人才和岗位是否相适应的权利，这是不相矛盾的。

组织岗位和认同层次相匹配的这种要求，不但有利于组织自身的发展和稳定，也有利于创造一种鼓励人们追求更高层次个人认同的环境。如果组织没有这样的要求，任何层次的人都可以承担一个岗位的职责，那不但造成组织的混乱，也影响了整体的人才成长环境。

除普通民众之外，组织和社会的领导者需要达到高层次的认同。组织领导者必须要有自己的价值理念，这些理念能够获得组织全体利益相关者的认同，通过满足组织价值来实现自身价值。社会领导者需要达到社会认同的高度，也就是他们要立足于公共利益，而非某一个群体的利益。他们不但是一个形成自我认同的人，而且应该是一个完成组织认同和社会认同的人。在现代社会中，一旦成为社会领导者，就必须接受全体人民的监督，就必须获得个人和组织的认同。在他们获得社会领导权的时候，他们就失去了利用所掌握权力为自己或者某个群体争取利益的权利。

由于人性的问题，社会领导者一旦不能达到社会认同，就会对社会造成巨大的危害。这种危害表面看来是利益的损失，更为严重的是对社会认同造成危害。因为社会认同是最高层面的个人认同，这就直接动摇了个人认同的根基。而个人认同的混乱就会造成社会秩序的缺失，也会造成社会信任危机，摧毁人和人之间正常的认同关系，导致虚伪、欺骗、压迫、谎言横行。因此，对于成为社会领导者的人一定要严格监督，必须要实现社会认同。

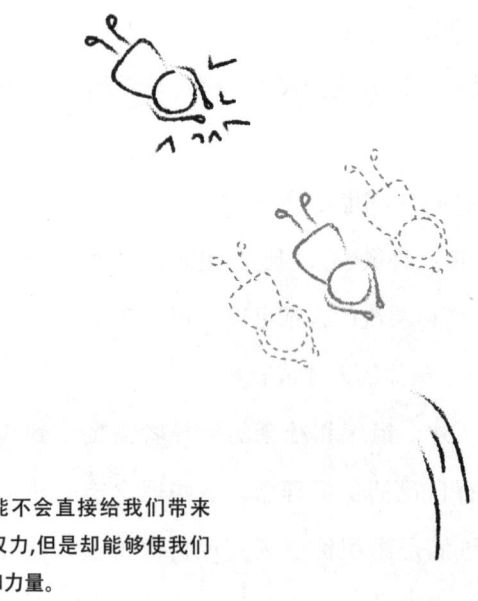

- 认同可能不会直接给我们带来财富或者权力,但是却能够使我们获得方向和力量。

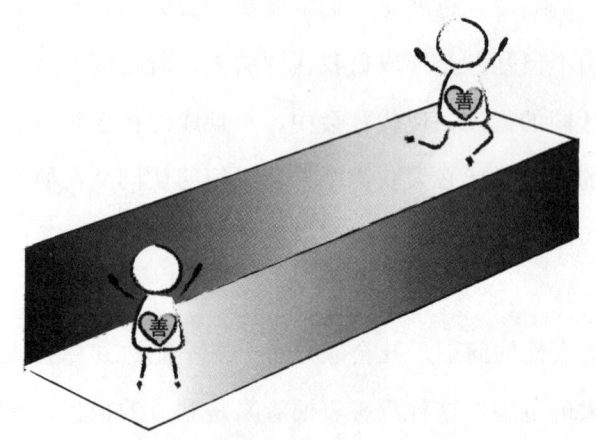

图15

第四节 三个层次之间的关系

第二章 建立认同

1. 个人认同是实现幸福的内核

回首宇宙137亿年的历史可以发现，世间万物同源同宗，都是原始造物的生发。世界就如同一棵百亿年的大树，我们都是它的枝叶。无论是站在食物链的顶端，还是处于食物链的末端，我们都是这个世界的一部分。作为地球统治者的人类，尤其应该明白这一点，没有了万物，我们不能独存。

当我们在海边游泳的时候，海藻珊瑚繁盛的地方，就会有大量的鱼类，而一片空旷的海底沙滩，则意味着像沙漠一样没有生命可以存在。回到我们生活的陆地，干涸的河流和污染的土地，也缺少了生命的气息。我们在征服环境的同时，收获的不仅是自信，也是对环境的杀戮。在我们看着土壤、水和空气被污染的过程里，有多少种生物正在悄无声息的灭绝。

再将视野转向我们人类自身，科技的发达使我们有了更多"毁灭"自己的资本。文明的我们已经不必看着敌人瞪着绝望的眼睛死去，只需要按一下按钮，就可以使上百万人在高温中蒸发。各种对抗和杀戮在进行，基于信仰的不同，基于领土的争端，基于历史的复仇，基于利益的争夺，甚至基于个别人的野心。没有一种生物能够像人一样，如此大规模的杀戮同类，再够集体欢呼庆贺，这是所有人的悲哀。

我们是时候将认同这个礼物拿出来了，作为人类和万物的救赎，也作为人类未来的希望。人类有多么大毁灭自己的能力，就应该匹配多么大的善意，避免去毁灭对方，因为毁灭对方就是毁灭自己。我们有多少可以伪装自己的能力，就要有多么大的诚意去展现我们自己，因为蒙蔽对方就是蒙蔽我们自己。实现认同意味着我们每个人都可以按照自己的意愿采取行动，去寻求自己的幸福。也意味着我们可以和其他人成为一体，去实现共同的价值理念。还意味着我们可以将人类社会看作一个整体，去建设共同的和谐家园。

认同是一个从内到外逐步扩展的过程，自我认同是认同的内核，然后才逐步形成组织认同和社会认同。人类对于真善美的追求，最终目的都是实现自身的幸福，而这种幸福必然是从内到外的协调和完善。只有认同，才能使人们真正实现这样的幸福。

一个人如果不认同自己，那就失去了存在的意义、价值和根基，更难享受人生的快乐和不凡。个人认同围绕着行动、思维和意愿三个指标，无论外界环境如何变化，内部都能相互协调。

人生基本上可以划分为三个阶段，青少年、中年和老年。人们可以根据不同的年龄和层次，确定适合自己人生阶段的人生意愿，在意愿的指引下，形成自己的行动。

青年时期主要是"求真"，可以借鉴儒家思想，树立秩序和规则意识，加强自身修养和学习，侧重于认同的基础力量；中年时期主要是"求美"，借鉴道家思想，树立自然和平衡思维，协调个人、组织和社会之间的各种关系，侧重于认同的核心力量；老年时期主要是"求善"，借鉴佛家思想，树立放下和超越意识，将精神和整体置于物欲和局部利益之上，侧重于认同的引领力量。

有了对人生的基本认识，就可以根据这三个阶段来塑造和完善自己，在不断完善自己的同时，实现个人认同。个人认同是最好的人生态度，不卑不亢，不遮不掩。每个阶段都有每个阶段的认同要求。青少年不能沉迷于声色犬马，而是要积极学习进取；老年人不应该再热衷于功名利禄，而是要放下执著。

了解人生的三个阶段，根据身、脑、心三个指标，在不同年龄都可以补充自己没有建立起来的认同层次。青年人要基于未来的发展去充实自身，中年人要会彻底地剖析自我和平衡得失，老年人要接受亲人的逝去和健康财富的流失。这些都是基于个人认同的做法，也是建立个人认同的路径。

个人认同应该是从具体行动的接纳和包容开始，一个自我封闭的人是没有个人认同的机会的。接受每一缕朝阳晚霞，每一滴露珠清泉，每一抹微笑赞许，每一片青草绿叶，都是生命的恩赐。即使我们一无所有，世界还在我们周围，土地还在我们脚下，蓝天还在庇护着我们。自己所拥有的，就是最好的，这就是个人认同的起点。

追求个人认同要做到身体健康，追随内心，看到未来，做出行动。身体是我们赖以存在的基础、实现目标的工具，没有健康的身体就没有实现目标的本钱。一个不注意自身健康的人，是很难实现真正的认同，这是我们判断是否实现个人认同的直观印象。

从思维的角度看，内心的包容和博大是另外一个重要指标，没有接纳和反思的能力，人也不会实现个人认同。语言尖刻、锱铢必究、反复无常，都是缺乏个人认同的表现，因为这些人看不到未来，没有确定的目标，只好把眼前的东西紧紧抓住，就像一个溺水的人抓住每一根稻草。

实现个人认同的人往往身心协调，能够体会生活的意义，不以物喜，不以己悲。这样别人愿意认同他，组织才会使用他，社会才会重视他，认同是人生中一种合理而无奈的选择。认同就是做第一个喜欢自己的人，如果自己都不喜欢自己，还能指望别人喜欢自己吗？如果自己不喜欢自己，首先要按照自己的意愿去塑造自己，实现自我内在的协调统一。

"千秋万岁名，寂寞身后事。"[1]个人获得组织和社会认同是一个长期的过程，尤其是在当今中国快速发展阶段。只有内心的清明，才能够抵挡社

---

[1] 转引自唐朝诗人杜甫的古诗《梦李白·其二》："浮云终日行，游子久不至。三夜频梦君，情亲见君意。告归常局促，苦道来不易。江湖多风波，舟楫恐失坠。出门搔白首，若负平生志。冠盖满京华，斯人独憔悴。孰云网恢恢，将老身反累。千秋万岁名，寂寞身后事。"

会的雾霾，如果没有个人认同，自身难免会受到社会的影响，加大了生存面对的风险。

个人认同不是自我满足，而是一种随时接纳自己和别人的状态。认同是一种内在虚空的状态，有足够的容量去接纳，可以是知识，也可以是经验，甚至可以是失败。青少年要以知识为材、反思为器、践行为功。识越广，则思越深；行越远，则容越大。一人认同之修越精，则可容之量越巨，无论人间毁誉，终如泥牛入海，坦然受之，遂成更高之量。

个人认同是认同之内核，是组织认同和社会认同的基础。观察现实而不拘于现实，既要享受当下的酸甜苦辣，也要为将来进行知识和能力的储备，为更高层次的认同做准备。要做到自我认知，知道自己几斤几两，也知道自己有多少雄心壮志。在人生道路上，所有的选择要围绕着自己所喜欢的和自己所擅长的两项内容去努力，两者必居其一。自己所擅长的最容易成为自己的能力，为自己的信心提供支撑，也为他人的认同提供凭据；自己所喜爱的最容易愉悦自己的身心，为个人认同提供持续的动力。

2. 组织认同是领导者成长的内核

曾经说过"权力使人腐败，绝对的权力绝对使人腐败"的阿克顿勋爵[①]说："凡政治家都是大恶之人。"无独有偶，英格兰的哲学家休谟[②]也认为："政治家就是一个无赖。"中国史学家左丘明借曹刿之口说："肉食者鄙，未能远谋。"在中外圣贤的口里，身居高位的人不是缺乏智慧，就是滥用权力，甚至是道德败坏，事实真是这样吗？

---

① 阿克顿，第一代阿克顿男爵，（1834—1902），英国剑桥大学历史系教授，历史学家，理论政治家。19世纪英国知识界和政治生活中最有影响的人物之一，著有《自由与权力》。

② 大卫·休谟（David Hume, 1711—1776）是苏格兰的不可知论哲学家、经济学家、和历史学家，他被视为是苏格兰启蒙运动以及西方哲学历史中最重要的人物之一。

不可否认，那些拥有财富和权力、高高在上的人，不用说话，就要人感到由衷的厌恶，但这并不是这些人真的多么可恶，而是人类不愿意臣服于人的天性所致。从这个意义上来讲，领导者能够获得别人的认同是一件多么困难的事情，该使多少人望而却步。内心退缩的人会想：还是做一个个人认同的人，停留在自己的舒适区里，忍受"无赖"的支配吧。

换一个角度，人类社会是由不同的组织组成的，如果这些组织都有一个或者多个大恶、无知而无赖的人统领，这些人滥用他们的权力，搞乱这个社会，难道你能够忍受吗？当然不能！但是如果你要想取而代之，你能用一个老好人的面孔征服他们吗？当然也不能！你需要有能力，还要有方法。正如管子①所言："不明于心术，而欲行令于人，犹倍招而必拘之。不明于计数，而欲举大事，犹无舟楫而欲经于水险也。"我们自己要成为一个领导者的时候，就必须接受这个巨大的挑战。

每一个具有个人认同的人，都应该自信地站出来，去争取组织的认同，成为一个领导者，为自己、为大家创造更加美好的生活与工作环境。

要想获得组织中其他人的认同，首先要突破自身的局限，进一步下沉自己的思维。通过身体观察正在发生的各种情况，收集影响判断的各种信息，感知他人的情绪变化，为大脑提供尽可能多的资料。然后用大脑对这些情况、信息和情绪进行综合，去体察这些情况背后的原因、信息背后的逻辑、情绪背后的爱憎。最后将这些判断后的结论交给内心，用自我的价值标准进行衡量，得出别人的善恶、对错、真伪，为自己的行动做出指令。

而这仅仅是面对着一个人的情况，大多数情况下，领导者要面对三个、

---

① 管仲（约公元前723－公元前645），姬姓，管氏，名夷吾，字仲，谥敬，春秋时期法家代表人物，颍上人（今安徽颍上），周穆王的后代。是中国古代著名的经济学家、哲学家、政治家、军事家。被誉为"法家先驱"、"圣人之师"、"华夏文明的保护者"、"华夏第一相"。

五个，甚至成千上万人，可见领导者要具备多么强的思维能力。只有在个人认同的基础上，才有可能做到这一点。如果不能准确地感知他人，那么就无法选择和组织价值相匹配的个人，最终获得他人认同的可能性就很小。

在思维下沉中观察现象和感知情绪需要进行长期的训练，要注意现象的各种细节，感知不同情绪的不同表现，将现象和情绪相对照和关联，从而得出更准确的信息。

而思考的过程更加需要知识的储备和思维的训练，这是对个人认同成果的最好检验。思考的目的是获得现象背后的关系、逻辑和偏好，从而在更深层次上获得结论。

《大学》里面的方法可以帮助我们进行自我训练："知止而后有定，定而后能静，静而后能安，安而后能虑，虑而后能得。"通过对外部信息和内部经验的屏蔽，实现身体上的稳定；从这种稳定的状态出发，获得思想上的宁静；在宁静的状态下，寻找自身的定位和起点；从这个起点再进行思考，得到自己想要的结果。这种思维方式主要是先实现身体、思维和内心的平静，而后从平静中获得自己真实的思维结果，从而屏蔽外部的干扰信息。

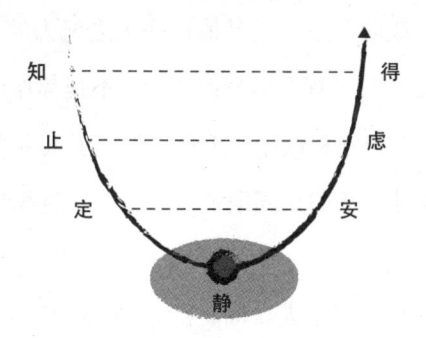

图16　组织认同是成为领导的内核

在体察过程、深入思考、获得结论之后，我们要将这些判断后的结论交给内心，去用自我的价值标准进行衡量，得出别人的善恶、对错、真伪，为自己的行动发出指令。这个过程最重要的是要有正确的价值标准,这将最终决定我们对他人感知的成败。一旦这个标准是错误的,我们前面所做的一切都失去了意义。那这个价值标准是什么呢?就是我们要追求组织认同的意义。我们不是为了征服他人而竞争,是为了展现我们的善念,使更多的人因为我们的展现而追随。也就是古人所说的:"自反而不缩,虽褐宽博,吾不惴焉;自反而缩,虽千万人,吾往矣。"①

实现组织认同的结果是追随,而领导的本质就是追随;一个人有多少追随者,就有多大的领导力。不同层次的领导者具有不同的追随者,或是因为利益,或是因为责任,或是因为仇恨,这都需要根据个人意愿作出选择,而这些不同的追随者也在随时发生着变化。

这种选择往往是混乱的,但是混乱却往往是实现秩序的路径,在喜欢和睦氛围的人看来,竞争和斗争并非是一个好的认同实现方式,但是如果没有这样一个过程,就无法形成稳定的领导者和追随者之间的关系,就无法形成组织,俗话说"不打不成交"。就如同战争之于和平一样,如果没有战争的残酷,就不可能建立稳定的社会结构。取得组织认同的过程可能不那么美好,可是为了形成稳定的认同关系,又是值得去为之努力的。

社会的进步和发展需要有人挺身而出,而不是都作谦谦君子,形成一个毫无生气的社会。喜欢和气和秩序的天性,隐藏了太多个人间和社会中的矛盾,这些矛盾没有通过正常的认同渠道暴露出来,越积越多,最终成为人和人之间的负担。

儒家思想是很好地进行个人认同时的参照,但是要利用好,不能成为行动和精神的枷锁。年轻人要适时转化自己的指导思想,敢于冒险,敢于竞争,敢于突破所谓的规则和惯例,给社会带来生气和不同,也给自己带来应有的

---

① 转引自《孟子·公孙丑上》。

荣耀和成长。只有这样，才会实现从个人认同到组织认同，实现更高层次的自我价值。

在竞争的过程中，领导者要把握住底线，不能突破合理的组织制度，否则竞争就失去了规范，无所不用其极。同时充分利用好竞争规则，在规则允许的范围内施展自己的智慧。还要塑造好上线，追随组织价值的指引，只有坚定的价值支撑，才能在竞争中有韧劲。同时要注意社会环境的整体利益，个人和组织的利益虽然重要，但要长期发展还是要兼顾社会的利益。

在组织竞争中，领导者要体察每一个层次的人的认同，并且在个人能力和认同方向之间做出选择和判断。第一类人实现了个人认同和组织认同，这要放手去使用。第二类人既没有组织认同也没有个人认同，这要尽快培养或者清除。第三类人有个人认同但是没有组织认同，可以使用，但要作为主要争取的对象，尽量转变他，加入到组织认同的队伍中来。第四类人有组织认同但是缺乏个人认同，这要加强培养和提高，选择符合的岗位。

领导者要根据认同程度来分配自己的时间投入，把好认同入口。因为每一个人的时间是有限的，根据帕累托法则[①]，要把时间用在最容易产生认同的方向上。"兵贵速，不贵久"，掌握先易后难的原则，以先认同者去带动后认同者，提高周围人实现认同的速度。

领导者要在同一个认同层面进行交流，如果对方处在个人认同阶段，就应该使用个人认同的语言，否则就会有沟通上的障碍。如果是为了培养对方，

---

① 又名二八定律，也叫最省力的法则、不平衡原则等，1897 年，意大利经济学者帕累托偶然注意到 19 世纪英国人的财富和收益模式。在调查取样中，发现大部分的财富流向了少数人手里。同时，他还从早期的资料中发现，在其他的国家，都发现有这种微妙关系一再出现，而且在数学上呈现出一种稳定的关系。于是，帕累托从大量具体的事实中发现：社会上 20%的人占有 80%的社会财富，即财富在人口中的分配是不平衡的。

那就需要再上一个认同层面进行视野的拓展，鼓励个人认同的人去竞争创新，获得他人的认同。如果为了吸引对方，那就要在更高一个认同层面进行指引，从组织认同的角度进行交流。要获得他人的认同，只能在高于对方的层面上交流，不能低于对方的层面，否则是没法到达目的地。

要获得他人认同的领导者，自身必须达到组织认同的层次，否则德不配位，难以获得支持。在组织中不同的层次，需要认同的内容也不一样。作为组织的基层员工，首先要保持行动和组织制度上的一致，完成好自身的岗位职责。任何组织都需要有强大的执行能力，这些执行能力最终需要落实在基层。评价自身是否履行了岗位职责，主要是看自己对于组织制度的执行情况，只有完全按照组织制度执行，才能得到组织最基本的认同。

仅仅完成自身岗位职责是不够的，在完成岗位职责的基础上，还要注意对组织流程的关注和学习，理解各岗位之间的关系和运行规则，掌握这些规则背后的逻辑，这就需要个人思维和组织结构保持一致。这样做的目的是，一方面更好地完成自己的岗位职责，另一方面也为更高层次的发展作准备。

组织的中层承担着组织价值和组织行动之间的联系作用，是组织运行的骨干力量，好的组织都是因为有好的中层。作为中层的人，不能再只盯着组织的制度和规则，要关注规则背后的流程，保证组织需要达到的结果。这需要制度的落实，更需要对于组织价值观的理解和把握。

中层管理者要获得组织的认同，关键的衡量指标是组织运行是否顺畅。既不能出现制度上的松散，也不能形成各种紧张的对立矛盾。既要做一个个人认同者，对自己的能力深信不疑，又要做一个他人认同者，能够获得其他组织成员的追随，两者不可或缺。

中层管理者最需要注意的是超越岗位和部门利益，能够站在组织价值的层面进行思考。如果特别关注自身和部门利益，就很难保障整个组织价值在流程中的实现，偏离了组织目标。

高层管理者是组织价值观念的引领者，工作重点是组织价值的实现。成为组织的高层，就要放弃个人成就的概念，把个人的成功放在一边，把组织的成功作为自己的首要目标。如果组织的高层过分关注自身的成就和目标，组织的利益就得不到应有的保障。在组织高层领导者的选择上，能否建立组织认同是一个重要的考量。

并不是所有有能力的人都可以成为组织的高层领导者，这和个人认同层次密切相关。某种意义上讲，实现组织认同是一种责任的体现，而非是权力的分享。如果选择成为一个高层领导者，就意味着要承担更大的责任，将个人的成功和组织成功连接在一起。在一个失败的组织里面，不可能有一个成功的领导者，就像在一场比赛失败的球队里面，再伟大的个人成就也没有意义。

组织的高层领导还肩负着同组织外部交流和协调的工作，所以不但要获得组织内部的认同，还要符合组织周围利益相关者的认同。高层领导者要在更加复杂的环境中，维护组织的运行和利益，坚持组织的价值观念，接受更大的外部挑战。

3. 社会认同是人类发展的内核

有人计算过，如果将地球现在的位置向靠近太阳 5%，或者远离 1%，我们的星球就不会产生生命，自然就不会有人类社会存在。当我们建立起万物一体的思想，当我们感觉到周围的世界和我们同源同宗，我们就会更加珍爱我们生存的环境，愿意维护这唯一的家园。

当思维下沉到一定阶段，所有人的利益都能够纳入到我们的视野中，这时候我们就进入到社会认同的层次。在社会认同层面，意愿指引我们不再站在自身角度去思考和行动，而是站在全体人的角度，这是认同的最高境界。

我们知道，组织利用制度来规范和指导每个人的行动，而社会利用政治来规范组织和个人，从而形成规范的社会秩序。站在社会的角度，我们不但要使自身的行动符合政治的要求，而且自己所在组织的制度也要符合政治的要求。

个人的意愿是千差万别的，但个人和组织可以通过相互选择形成共有的组织价值。从社会的角度看，组织和个人没有选择的余地，文化涵盖了所有组织的价值和所有人的意愿，因此社会文化一定是丰富多样的。

站在社会认同的角度，不管自身的意愿如何，自己存在的组织价值如何，都应该接受文化多样性的基本现实。需要注意的是，就像个人意愿也有善恶之分一样，组织价值和社会文化也有好坏之分。承认社会文化的多样性并非全盘接受，而是需要更好地对文化进行甄别，通过经济的调节，实现优秀文化的弘扬。

作为调节个人行动和意愿的思维，在组织层面表现为结构的调整，通过不同位置和流程的安排，将不同人的思维汇集起来，形成组织的合力。从社会整体来看，要想整合全体人的思维，唯一有效的手段就是经济。通过经济调节机制，将每个人的思维和组织中的职责调动起来，主动发挥作用，实现政治和文化的协调统一。

社会发展到一定阶段，组织的类型越来越丰富，政府组织、非政府组织、军事组织、经济组织、各种协会组织，甚至是宗教或是黑社会组织。这些组织如果没有很好的社会认同作为协调，会对社会的运行带来一定威胁。

现代社会中，组织和个人是一个双向选择的过程，但是社会无法选择，因此社会认同的建设更加复杂。无论社会处于什么状态，要达到社会认同层次，我们必须要和社会的政治、经济和文化对接，这就需要我们在个人认同和组织认同层面做好充分准备。

社会认同是个人认同的最高层次。社会认同的个体意味着承担更大的责任，放弃更多的自由。每一个获得社会认同的人都是值得赞扬的，因为他们不但放弃了很多实际的利益，而且实现了更高层次的个人认同。

需要说明的是，社会认同层次不等同于社会管理岗位，我们对社会管理者有一定的认同要求，但是不代表每一个人已经达到了社会认同，更多的人只是按照这个标准在要求自己。另外和其他类型的工作一样，社会管理者也存在不同的层次，每一个从业者也需要从较低的层次开始，逐步向更高层次发展。社会管理者和其他类型工作者不一样的地方，就是不能将自身职责和权力用到为自己争取利益上，这就是社会管理者的一个基本约束。

在社会管理的最高层次，达到社会认同的人并不一定就是社会领导者，但是成为社会领导者一定要实现社会认同。实现社会认同一般要经过个人认同和组织认同阶段，经过不断的自我完善，才能实现社会认同。经历这样的过程表示一个人不但要有自身能力，要有代表自己能力的业绩，要有为人所认同的价值理念，还要有为人所认同的奉献精神。

一般而言，一个人获得社会认同是可遇而不可求的，大多数人在自己的组织领域作出了杰出贡献，获得了组织认同，但是社会认同必须要在整个社会的平台上发挥作用。在现代社会，由于利益不同，一个人获得一部分人的认同，往往就会失去另外一部分人的认同。而在专制社会，即便是侥幸成为国家的领导者，也不一定能够获得社会认同，因为认同并不是服从，而是追随。对于大多数人来说，我们可以追求获得社会认同？也不要急功近利，导致失去自我、偏离初衷。

图17 社会认同是认同的最高境界

　　总结一下认同之间的关系：认同有三个不同的类型，认同型个人、认同型组织和认同型社会。对于认同型个人而言有三个层次，分别是个人认同、组织认同和社会认同。这三个层次的核心都是个人认同，不过是在不同层次上的个人认同，每个人可以选择自己的认同层次，只要自己愿意就好。对于认同型组织而言，存在着不同的岗位要求，基层员工，对认同的要求和普通人一样，可以自由选择，但是中高层领导者则必须要满足相应的认同层次。对于认同型社会而言，普通民众也是没有具体的要求，但是社会领导者必须要达到社会认同层次，否则就会影响到整个社会的公平正义。

　　总之，认同就个人而言是一项自我的修炼，对组织领导者而言就是一项和岗位匹配的要求，对社会领导者而言则是一种必须具备的责任。认同型个人的结果是个人生命的愉快历程，是个人意愿的充分展现，是自我实现的胜利果实。认同型组织的结果是组织价值实现的保障，是组织运行能力的要求，是个人和组织关系的制度联系。认同型社会的结果是全体社会成员利益的政治保障，是社会资源的有效利用，是形成认同型组织和个人的文化传承。

第三章 解析认同型个人

第一节 个人认同的内涵和特征

1. 建立认同的意识

个人认同的内涵就是要开放和连接一切，实现内在和外在的整体意识。人刚刚接触这个世界的时候，是没有你我的概念的，所有的东西都是共有的。随着年龄的增长，天性中的善念开始被外物所蒙蔽，我们越来越划清了和别人的界限，小时候同朋友分享食物、玩具和快乐的日子一去不复返了。生活时刻在提醒我们，我的就是我的，别人的就是别人的，我需要做的就是要使属于我的东西越来越多。

在这种想法的支配下，我们不断去学习各种知识和本领，目的就是为了打败别人，从在学校里的分数，到在单位里的 KPI[①]，无一不是我们争夺的对象。我们的喜怒哀乐都建立在我们打败了多少人，挣到了多少物质财富和权力，我们开始画地为牢，生活在属于自己的内心中。

其实这不是个人的错，人类也走过了同样的历程。当人类刚刚走出森林的时候，我们的能力还不足以独己生存下去，我们需要共同狩猎，共同哺育子女。这时候我们的一切都是大家共享的，甚至家庭也是开放的。随着我们能力的提高，收获的物资越来越多，我们开始追求个人占有这些"多余的"财富，于是开始了私有化。我们开始有了自己的工具，自己的家庭，甚至是自己的地盘。原来共同生存的理念开始割裂，我们不但寻求去做万物的主人，还想去做其他人的主人。

经过几千年的战争和合作，人类今天终于又站在了一起，开始思考如何分享我们的世界。虽然现在的分享不是原始共产主义基于公有制的分享，而

[①] 关键绩效指标（Key Performance Indicator, KPI）是通过对组织内部流程的输入端、输出端的关键参数进行设置、取样、计算、分析，衡量流程绩效的一种目标式量化管理指标，是把企业的战略目标分解为可操作的工作目标的工具，是企业绩效管理的基础。

是基于私有制的分享，但这也是我们重新审视自己的生活方式和思维方式的一个机会。是不是占有越多的财富我们就越快乐？是不是分享我们的财富就会降低我们的幸福感？答案是否定的。

虽然经济是逐利的，但是经济也是有道德的，那些基于垄断和私利的企业正在被人们所抛弃，而那些基于自由和分享的企业正在受到人们的拥戴。传统上榨干工人最后一滴血的资本家，在被提升大家幸福感的新型投资者所取代，原来被人们视为洪水猛兽的市场经济，在中国也起到经济发展的决定性作用。

历史并非简单地重复，现在的分享不是原始公有制的回归，而是具有现代运行规律的创新。如果我们不能打开自己的视野，我们就只能萎缩在自己的内心深处。如果我们不能建立起和他人的信任，我们就只能在门上增加一道又一道的铁索。

中国有智子疑邻①的故事，被自己信任的人，说什么样的话都可以相信，但是对于外人，再正确的建议也得不到信任。我们无法统计因为这种不信任受到的损失，但是我相信一定会比我们因为轻信别人而受到的损失大。除此之外还要承受因为整个社会缺乏信任带来的结果，围墙耸立，防盗门窗畅销，接电话要靠黑名单，防碰瓷要靠行车记录仪。这只是有形的提防手段，还有我们在心中竖起的坚墙壁垒。

自从我开始有了整体的意识，开始撤掉自己内心的防御，我看见了一个更加和谐的外部世界。在和人交谈的时候，我尝试用发自内心的真诚，不出意外，我收获了对方的真诚。在电梯里遇到邻居的时候，我尝试打破原有的

---

① 成语典故，出自《颜则旭》。它的意思是：宋国有个富人，因下大雨，墙坍塌下来。他儿子说："（如果）不去（赶紧）修筑它，一定有盗贼进来。"他们隔壁的老人也这么说（可富人并没有理会）。这天晚上富人的家里果然丢失了大量财物，这家人认为自己的儿子很聪明，却怀疑是隔壁那个老人偷的。这则故事通常拿来做交浅不能言深的世故教训。

沉默，对方在开始的惊讶后也愉快地回应。在圆明园的野径，我尝试用整体的意识去看周围环境，能够感觉在静谧之下万物的和谐运行之美，更加体会到人生和自然融合的快乐。

《吕氏春秋》里的一则故事：荆人有遗弓者，而不肯索，曰："荆人遗之，荆人得之，又何索焉？"孔子闻之曰："去其'荆'而可矣。"老聃闻之曰："去其'人'而可矣。"故老聃则至公矣。

有一个楚国人丢了弓不去找，认为既然是楚国人丢的，也一定是楚国人捡了，那去找干什么？可以说这个楚国人已经有一种国家一体的意识，把自己和其他楚国人的利益看作一致。这个故事传到孔子的耳朵里，孔子说："可以把楚字去掉。"那就是"人丢弓，人捡去"，这就更厉害了，丢弓的楚国人只是把楚国人看作一个整体，而孔子却把人类看作一个整体，绝对是整体意识的高峰。不过孔子的记录没有保持多久，很快就被老子给打破了，老子说："可以把人字去掉。"变成"丢弓，捡弓"，这可不得了，简直把人间万物看做一体，如果这还不算整体意识，谁还敢说自己有整体意识。

发现整体意识才是认同的开始，如果没有整体意识，我们的注意力就会在自己的利益上。一旦我们被私利所吸引，我们就没有另外一个内心去关注别人，等我们关注别人的时候，我们也只是关心自己的利益是否被他损害，而不会去在意外部世界。哪怕再缺乏数学知识，我们也能分辨自己和世界孰大孰小，当我们选择了自己小的那一部分，我们还能怪大的世界遗忘了我们吗？

2. 发现认同的内核

当我们有了整体意识，我们就和世界成为一个整体，但是这个整体是松散的，我们希望和它真正连接起来。常识告诉我们，当我们希望和别人加强联系的时候，我们需要释放自身的善意。

我们的善意在哪里？在我们的心中。"人之初，性本善"，"善"一直在我们的内心深处，当我们看到别人处于危难的时候，我们会施以援手；当我们看到树木被砍伐、鲜花被折断的时候，我们会感到惋惜，这都是我们内在的"善"。哪怕是最为凶恶的罪犯也有善念存于内心，只不过外部的欲望在遮蔽着它。

当我们建立起整体意识，我们心中的"善"就开始焕发出光明，我们和外界的天然联系开始被唤醒。每一声枝头小鸟的啼叫，每一颗荷叶上滚动的水珠，每一缕林间穿过的清风，都在唤起我们的善意。"衙斋卧听萧萧竹，疑是民间疾苦声。些小吾曹州县吏，一枝一叶总关情。"[1]这种善意并不是外力强加给我们的，我们只要往内心看一眼，它就在那里。

我们的善念是我们幸福的源泉，只有内在善念的满足，才能感受到内心的幸福。那些物质享受可能会带给我们一时的愉悦，但是这种愉悦是肤浅而短暂的，过后是更加失落的消沉。"向阳门第春常在，积善人家庆有余"，中国社会的长治久安从来不是峻法酷吏的功劳，而是传统善念的结果。

如果说传统中国人的生活里不缺少"善"的话，就是传统中国社会缺少可以把这种善念传递出来的途径。我们严酷的生存环境和内敛的精神内核导致我们的"善"只能留在内心，成为"伪善"，成为社会上一种华而不实的东西。

之所以"善"得不到弘扬，很大程度上来源于我们对于"真"的缺失。真实的善念和善举没有人去认识和辨别，专制使得领导者的偏好才是最大的善念。几千年的文明已经把中华民族磨成了"精"，认为一切是非功过不用去争辩分明，时间自然会做出裁决，再大的冤案也会有昭雪的那一天；

---

[1] 转引自清朝郑板桥的古诗《潍县署中画竹呈年伯包大中丞括》。

认为凡事一定要分个是非对错是不成熟的表现,"话到嘴边留三分","差不多就行",才是老成谋国之见。这种基于时间而不是基于真理的裁判方法,使我们一直在压抑着内心的善念。

虽然我们看到有人承受着不白之冤,虽然我们看到环境在遭受破坏,虽然我们自身也有很多不平的想法,但是没有对"真"的追求,使我们丧失了弘扬"善"的勇气。我们不能像八股先生一样,不是在科举场中书写道德就是在故纸堆中指点江山,如何让理性的光辉穿透云层,照耀在大众身上,是我们的历史使命。

我们不能仅仅去看事物的表象,而是要去追问过程,甚至去挖掘根源。只有看到问题的根源,我们才能够把善念传递到合适的位置。如果像东郭先生一样,只是看到饿狼可怜的那一面,我们的"善"就没有得到"真"的支持,我们就会被自己的"善"所伤害,甚至成为"恶"的帮凶。所以没有对于"真"的坚持,"善"的作用也就大打折扣,成为"恶"的嘲讽对象。

把"善"留在自己心中,我们追求的只是一家之利,在自身利益被损害时,我们发怒、不平,这样的"善"是伪善。当我们关注弱小、救助贫困的时候,我们的"善"温和、美好,无欲无求。小"善"变大"善",我们旨在改变共同的生活,成为推动社会前进的动力。对于"真"的追求关系到的不仅是"真"本身的问题,而是我们的"善"能够在多大程度上得到弘扬的问题。

当我们的"善"通过"真"传递到我们的行为中,成为社会运行的一部分时,我们的行动就变成了"美"。"美"所体现出来的就是万事万物基于"善"而产生的行动,就像太阳的光,照耀大地使万物受益。万物是一个整体,这个整体不是偶然的存在,而是所有组成部分"美"的体现。研究物理的人会发现物理之美，研究化学的人会发现化学之美，研究人类行为的也会发现人类行为之美，这种"美"的根本就是一种和谐的秩序，一种相互的依存。

什么是美？美本身就是一个相对的概念，如果没有丑，也就没有美，所以美不能独立存在。当我们往一个空的坑里倒水的时候，这不是美，而如果有一条将要干渴致死的鱼在里面的时候，那就是美。当我们给富豪送上精美礼品的时候，那不是美，而当我们给贫穷的人一份温饱的时候，那就是美。

希望实现自我认同的人，就像是一个收藏家，整体意识是一张藏宝图，当我们收集齐了"真、善、美"的时候，我们才会获得真正的圆满。实现认同并不难，就需要这一图三宝，这就是我们认同的内涵和特征。

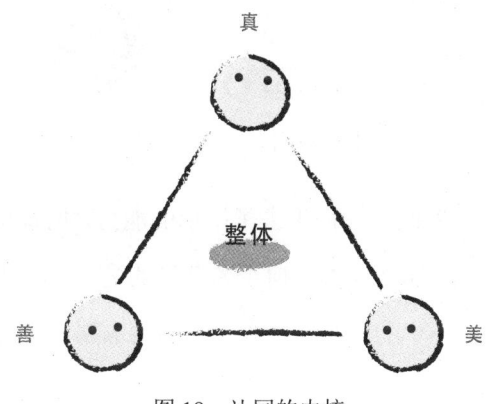

图18 认同的内核

我们可以体悟自己看待世界的方法，判断自己是否实现了个人认同。如果我们内心充满了善意，能够站在"善"的角度上去认识世界，包容他人，我们就站在了认同的起点；如果我们能够根据自己的目标去探索和世界之间的联系，既不自欺，也不欺人，我们就踏上了认同的道路；如果我们能够采取具体的行动，将内在的善念转化为外在的美行，我们就实现了认同的转化。所以,要判断一个人是否实现了认同,就看他在真善美转变的历程中去观察。

3. 找到认同的密码

当我们建立了整体意识,从内心发觉到我们的善念,从思维中找到求真的方法,从行动中实现了和外界的完美连接,我们就开启了人生幸福的密码。

图 19 找到人生幸福的密码

人为什么不幸福?因为我们失去了幸福的能力,也就是缺乏认同。我们经常感觉精神失常的病人很可怜,但令人诧异的是,他们有些似乎处在一种幸福的状态。或者说不幸的只是精神失常病人的家属,因为病人自己找到了内心的认同。

内在冲突导致严重问题产生,由心灵的失落到身体的伤害,以自杀最为严重。据世界卫生组织统计,现在每年全世界有大约 100 万人因自杀死亡,其中中国每年死于自杀的大概有 25 万人,而中国每年自杀未遂的人数更是高达 200 万,自杀已经成为中国青壮年死亡的首因。

为什么会出现这种情况?因为我们的认同被外在事物所遮蔽了,我们的

"善"得不到生发，我们的"真"遭受着打压，我们的"美"被错误对待。工作不顺利，家庭不幸福，孩子不听话，朋友太功利，我们似乎每天都被这样的事情所围绕。在这种情况下，不幸福是正常的，只有精神失常的人才是幸福的。

社会对人的教育可能大多数不成功，但是有一点是成功的，就是我们知道，当我们发觉世界出现问题的时候，就是改变我们自身的时候了。

从哪里改变？不管是换一份工作，还是换一个家庭，甚至是换一个身体，我们面对的还是同样的一个世界，你最终无处可逃。怎么办？只有改变你看待世界的方法，世界才会改变。

怎么去改变看世界的方法？这要从内心去寻找答案。去内心拿出那份藏宝图，形成对这个世界的整体意识。把自己和家人、同事、甚至是敌人看做一体，成为不可分割的一部分。就像我们感觉到脚疼不会把脚切掉，感觉到头疼不会拿棍子击打，而是去寻医问药，去针灸推拿，要身体回到正常功能的轨道。

要相信对方心中也有一张藏宝图，只是他还没有找到，你需要帮助他去发现。或者他已经有了那张藏宝图，只是还不会使用，需要你去指导。或许他已经会使用那张藏宝图，只是他还不知道你和他一样期待认同，没有勇气与你沟通。

把内心的宝物擦拭干净，拿出来试用一下，一定会给你一个惊喜。你甚至会得出这样的疑问：世界是不是一个镜像，为什么我朝他微笑的时候，他也在向我微笑？为什么我在向他咆哮的时候，他也在向我咆哮？

幸福的密码就是这么简单，就是按照一图三宝的指引去做，去不断扩大自己和世界的联系，最终和整个世界成为一体。个人认同的特征就是我们持久的幸福感，就是我们和他人、和社会、和自然连接的能力。

在建立起认同的基础上，人们可以选择积极运动来锻炼身体，也可以选择闭目养神、心理暗示、禅修、瑜伽等舒缓的方式进行调养。这些方法的共同点都是使人摆脱现实的精神压力，用大脑去唤醒自身清澈的心灵，寻找静谧中的自我。这些训练与其说是在练习我们的身心，不如说是在训练我们的大脑。我们的大脑会在身心间协调摆动，逐步隔离物欲和纷扰，使心灵的归心灵，身体的归身体，不会再患得患失。

我们在实现自身幸福后，不能停止继续认同的脚步。在自身善念的引领下，思维会将我们从对自身利益的追求逐步向社会利益的所求发展，去认识社会问题的根源，用我们的善念转化成外在的美行，去推动社会认同的建设。

知易行难，当我们超越自己的短期利益，寻求和外部建立长期利益的时候，我们面临着更加严峻的考验。当我们的行为和别人的行为出现不同时，就会出现协调的问题。作为个人认同的实现者，我们应该在这个过程中迈出第一步，就像一个成熟的舞者和一个初学舞蹈的人配名，他要根据对方的脚步来调整自己的脚步。或许这是最为艰难的时刻，毕竟这个时期的美需要大家来维护，但为了实现认同这是值得的关键一步。

当我们面对一个陌生人的时候，我们可以贡献出一个笑脸；当我们行走在路上的时候，我们可以贡献出一个礼让；当我们看到别人困难的时候，我们可以贡献出自己的援手；我们行走在黑暗中的时候，我们可以贡献一点光明。总有人要迈出第一步，更何况对方可能正在犹豫是否迈出这一步，你的这一步，就是所有人的一步。

我们的行为之所以能够得到别人的响应，是因为我们的行为符合美的要求，能够得到其他人的认可。这种认可不但是针对我们的行为，也是针对我们的内心，也就是我们行为的"美"真正传递了内心的"善"。当这种行为得到回应的时候，我们就和别人结成了一个新的认同。当这种新的认同更多地出现的时候，我们就获得了一种组织的认同，我们就会形成自己的制度、结构和流程，甚至是组织价值。

在组织的层面上，我们获得了更大的空间和力量，我们可以把善念发挥得更大，把对真理的追求挖掘得更深，使美的行动产生更大的力量。在组织中，我们的认同将推动整体制度的建立和价值观念的统一。我们可以成长为组织的领导者，把组织成长和我们自身的成长结合起来。

当然也会有这样的时刻，我们虽然在一个组织中，但是自己的行为总是不符合组织的要求，我们的意愿总是违背组织的价值，我们也不敢表达我们真实的想法，只是在浑浑噩噩地混日子。这时候的我们不但没有获得组织的力量，而且丧失了自身的幸福感。

当个人和组织发生冲突的时候，我们首先要看自己的意愿是否正确，我们内心的"善"是否在主导着我们的心灵。如果我们心中充满了怨气，认为所有人都给自己制造麻烦，所有事情都是费力不讨好的坏事，那么我们首先应该将自我意识与组织意识进行对照。在我和组织结成的整体上，到底是我出现了问题，还是组织出现了问题？如果是组织的问题，那么不用丝毫的怀疑，尽快离开这个组织，不要在一艘要沉的船上过多逗留，但如果是我们自身的问题，那就要再进一步看，是否我们的善念发生了问题？是否我们过于纠结于自身的"小善"，而忽略了组织的"大善"？是否是我们在认同的过程中出现了偏差，没有将我们的善念转化为美行？

所有认同的问题都可以在自身层面得到解决，不用外部做出什么举动，这就是认同的价值。我们实现了认同就可以坦然地作出决定，坦然地接受结局，坦然地走向下一个目标。当然，我们可能也有一个难以逾越的障碍，那就是社会认同的缺失。如果这样，那么我们所有的努力都将付之东流，这也是历史上太多人最大的遗憾。所以我们决不能仅仅苟安于自身的认同,还要为建立认同型组织和认同型社会做贡献,这是我们安身立命之处,不得不为之增砖添瓦。

- 认同这棵树在不同的层面上有不同的果实,对于个体,就是认同型个人;对于组织,就是认同型组织;对于社会,就是认同型社会。这三者是相互关联的。

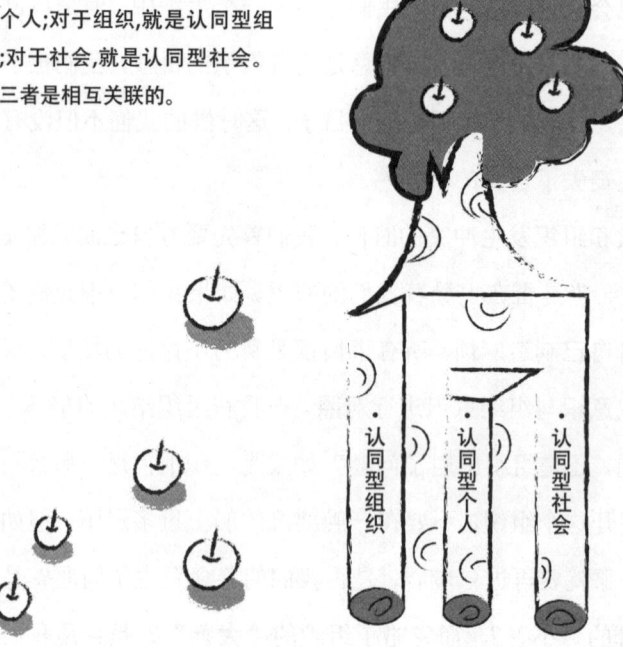

图 20

第二节 个人认同的历史梳理

第三章 解析认同型个人

正如《利维坦》所描述的机械人一样，不管内在的心理状态如何，我们只能通过行动去判断一个人的内在状态。系统阐述了国家学说，探讨了社会的结构。

《利维坦》

1. 专制文化的影响

作为务实主义的代表，中国人历来重视自己的身体，身体的意义超过了单纯的物质层面。安身可以立命，舍身可以取义，杀身可以成仁，献身是一种最高的精神境界，因此中国人最喜欢问候的就是对方的身体。《诗经》里有："既明且哲，以保其身，夙夜匪懈，以事一人。"[1]《孝经》里也谈到："身体发肤，受之父母，不敢毁伤，孝之始也。立身行道，扬名于后世，以显父母，孝之终也。"

无论是一元论，还是三元论，身体的行动是我们直观的存在。从唯物主义角度看，没有了身体，就丧失了作为人的根本。即使从量子物理的角度，身体也是我们能量最为集中的体现，思维和意愿不过是固体在外部环境下液化和汽化的结果。专制社会对人的压制从剥削人的身体开始，到消灭人的身体结束，给人的认同方式以极大的压力。

在中国占支配地位的儒家文化自"罢黜百家、独尊儒术"之后，基本被奉为主流思想，儒家文化具有两面性，既有宣传中"天下为公"的理念，又有私底下"明哲保身"的信条。在中国这样一个幅员辽阔的大国，要推行集权统治，如果没有臣民的自我约束，实在鞭长莫及。天高皇帝远，所谓"普天之下，莫非王臣，率土之滨，莫非王土"[2]就成了一句空话。因此孔子强调文化的教化功能："道之以政，齐之以刑，民免而无耻；道之以德，齐之以礼，有耻且格。"[3]由于强调在治理国家中道德比刑法具有更加重要的作用，所以目的比程序重要，口号比行动重要，道德比结果重要。执政者经常是先

---

[1] 转引自《诗·大雅·烝民》。
[2] 转引自《诗经·小雅·谷风之什·北山》。
[3] 转引自《论语·为政》。

从道德上定了一个人的罪，然后再去刑法上找条文对号入座，这自然增大了个人的风险。

利用儒家的教化功能，使百姓自我约束，自行投入到统一的社会秩序中，自然是当政者最佳的选择。然而现实中，制定制度的人往往并不受秩序的限制，因此制度总是从严制定，而不是从实制定。只要是针对中下层的制度，高层总是很严格的制定，但是在实际操作中，他们却又并不认真遵守，只许州官放火，不许百姓点灯。

公元960年春节刚过的早上，开封东北的陈桥驿，还看不到大地复苏的迹象。酒后酣睡的赵匡胤被一拥而进的下属推醒了，然后一袭崭新的黄袍披到身上，兄弟和幕僚们的夺权计划变成了现实。在几乎没有多少反对的情况下，赵匡胤从殿前都点检做了皇帝。

为了统治江山，赵匡胤问他的参谋长赵普："天下何物最大？"赵普的答案不是皇帝，而是"道理最大"，也就是要确立制度，只有制度才能规范不同人的行动。赵匡胤不会知道，几百年后德国思想家马克斯·韦伯[①]提出三种掌权方式——魅力型、权威型和官僚型，他认为历史上的统治者与被统治者间的关系多少包含了些这样的成分。韦伯认为魅力型的掌权方式不稳定，长期必然导致其转变为权威型，也就是偶像派终究不如实力派来得长久，最后还是依靠强权或者是官僚统治靠谱。韦伯还认为，在权威型掌权的过程中，对于掌权者的抵抗达到一定程度时便会产生革命，因此他认为社会会逐渐朝向一个理性合法的权威架构发展，并且利用官僚的架构制度管理并规范

[①] 马克斯·韦伯（德语：Max Weber，1864—1920）德国著名社会学家，政治学家，经济学家，哲学家，是现代一位最具生命力和影响力的思想家。韦伯曾于海德堡大学求学，在柏林大学开始教职生涯，并陆续于维也纳大学、慕尼黑大学等大学任教。对于当时德国的政界影响极大，曾前往凡尔赛会议代表德国进行谈判，并且参与了魏玛共和国宪法的起草设计。是同泰勒和法约尔同一历史时期，并且对西方古典管理理论的确立做出杰出贡献，是公认的现代社会学和公共行政学最重要的创始人之一，被后世称为"组织理论之父"。

社会的发展方向。换种通俗的说法，在政权建设上，无论是偶像派的吸引力，还是实力派的强制力，都不是最稳定的方式，最终还是用法律体系来规范最好。这些当然不会被赵匡胤所知晓，他只知道顺应天时、地利和人和，并且要把自己的权力稳固下来。

按照后人的说法，赵普的法宝就是儒家的经典之作《论语》，《乐庵语录》中说："太宗欲相赵普，或谮之曰：普山东学究，唯能读《论语》耳，太宗疑之，以告普。普曰：臣实不知书，但能读《论语》，佐太祖定天下，才用得半部，尚有一半，可以辅陛下。太宗释然，卒相之"。

《论语》真的有这么神奇吗？赵匡胤和赵普君臣做的到底怎么样？王夫之认为宋太祖执政特点就是一个"惧"字，认为他能够修文偃武、国泰民安的原因就是因为自己武夫出身，得位不正，因此更加谨慎谦逊，不敢肆意妄为。

在赵普的教导下，天下第一人的皇帝都以"惧"为立身之本，何况普通百姓？荀子说："故有知非以虑是，则谓之惧。"[1]未来是不可完全预测的，现实是不能完全掌握的，这些都是我们"惧"的来源。

古人们在恐惧什么呢？鲁迅在《推背图》[2]一文里说："但我们日日所见的文章，却不能这么简单。有明说要做，其实不做的；有明说不做，其实要做的；有明说做这样，其实做那样的；有其实自己要这么做，倒说别人要这么做的；有一声不响，而其实倒做了的。然而也有说这样，竟这样的。难就在这地方。"中国人所惧的，是没有一个真正可以遵守的制度，今天还是人声鼎沸的闹市，明天就成了不敢越雷池一步的禁区，所以哪怕大家都在走的路，也会有突然坍塌的那一天。改朝换代、改弦易辙随时都会带来无妄之灾，得意不快心、失意不快口，保持警惧是理性选择。

---

[1] 转引自《荀子·解蔽》。
[2] 鲁迅《推背图》篇最初发表于1933年4月6日《申报·自由谈》。

在孔夫子也有一颗警惧的心。子路曾经问孔子："子行三军，则谁与？"意思是您要是出去打仗，带着谁？孔子说："暴虎冯河，死而无悔者，吾不与也。必也临事而惧，好谋而成者也。"孔子说实话，不怕死的我是不会跟他们一起去，必须是有所畏惧，愿意周密策划的人才行，我可不愿跟着莽撞的人送命。很多领导者愿意使用高执行力的下属，但往往很多是暴虎冯河，难免会做出出格的事情，连累自己。

2. 专制制度的影响

虽然有着各种不测之险，但中国人对志向的敬仰和践行是西方人所难以想象的，这是中华民族几千年屹立不倒的灵魂。和西方的官吏选拔不同，中国虽然也有世袭制度，但是后期绝大多数朝代的官吏来源于科举。在科举制度下，一个人的志向和品质要经过反复的修炼和测试，最终才能获得同僚和社会的认可。在中国人看来，一个人的志向不是可有可无的，而是他修身的根本。王船山[①]提出："志如其量，量如其识。"把志向作为一个先行指标，只有内心有远大的志向，才能有广阔的胸怀，有了广阔的胸怀，才能建立起自身的见识。

墨家学派创始人墨翟说过："志不强者智不达。"志气是和智慧紧密联系起来的。墨翟以超出其时代的思想和志向组建了墨家，他们主张人与人平等相爱（兼爱），反对侵略战争（非攻），组织严密，纪律严明，墨者可以"赴汤蹈刃，死不旋踵"。从政治党派的意义而言，墨家可以说是中国历史上第一个正式的党派，他们有领袖、有目标、有组织、有行动。正因为他们把维

[①] 王夫之（1619—1692 年），字而农，号姜斋、又号夕堂，湖广衡州府衡阳县（今湖南衡阳）人。他与顾炎武、黄宗羲并称明清之际三大思想家。其著有《周易外传》、《黄书》、《尚书引义》、《永历实录》、《春秋世论》、《噩梦》、《读通鉴论》、《宋论》等书。

护公理与道义看作是义不容辞的责任，才能够吃苦耐劳、严于律己，也激发了无穷的智慧。

宋朝抗金名士陈亮曾言："论治则曰立志，论事则曰从权。"意思是说，要想治理国家，那就必须要有志气，如果就是找个事情干，那就圆滑一点好。苏轼尝言："古之立大事者，不惟有超世之才，亦必有坚忍不拔之志。"没有志向，就没有操守；没有操守，就会随波逐流，难成大事。国家当变革之时，尤其需要一定的志向和操守，否则将会被犬儒主义所征服。

集权社会的人们毫无个人权利保障，所以中国历史上特别推崇明君。有人把唐太宗的纳谏归功于魏征的善谏，其实并不准确。一次君臣二人谈及此事，唐太宗说："魏征往者实我所仇，但其尽心所事，有足嘉者。征每犯颜切谏，不许我为非，我所以重之也。"魏征回答说："陛下导臣使言，臣所以敢言。若陛下不受臣言，臣亦何敢犯龙鳞、触忌讳也？"唐太宗说魏征的谏言都是尽心尽力，所以自己看重他，但是魏征却很清醒，不敢贪功，还是领导英明。很多领导者觉得自己身边没有魏征，其实真正缺的不是魏征，而是自己的胸怀。昏君往往容不得身边有不同的声音，恐怕因此导致思想的混乱，其实这是一种不够自信的表现。

李斯的《谏逐客书》中阐明了背后的道理："是以太山不让土壤，故能成其大；河海不择细流，故能就其深；王者不却众庶，故能明其德。"一个人能力大小自己基本上是有数的，但是心胸却是自己难以觉察的，即使心胸最为狭窄的人，也会认为自己足够慷慨。

在专制社会中人很难真正的实现认同，更多时候是一种伪装。雍正是康熙第四子，康熙皇帝曾评价幼年的胤禛"喜怒不定"，因性情急躁又刻薄，又用"戒急用忍"训喻他。虽然雍正天性如此，但是他自称"天下第一闲人"，韬光养晦，保持和诸兄弟和气，终于拿下帝位。康熙朝后期，诸皇子争位，官员贪腐,外敌虎视眈眈,大清朝危机四伏,雍正却吃斋念佛,一幅平和景象。

登基之后的雍正,一改多年隐忍的风格,处理事务雷厉风行。先是消除诸皇子的隐患,把不听话的兄弟进行圈禁和流放,而后又对贪官污吏进行整治,抄家追赃。这一系列的改革措施应该是在作为王储时就想好了,但是能够一直隐忍不发,不得不令人佩服。

封建社会讲究"君要臣死,臣不死是为不忠;父叫子亡,子不亡则为不孝"。在强权之下,大脑就不起作用了,忠孝的目标直接决定了身体完全的依附。心学创始人王阳明差点被皇帝朱厚照的庭杖打死,但是却依然为皇帝剿匪卖命,不知道心学大师怎么做通了自己的工作。虽然这种依附关系已经被现代社会的理念所打破,但是其流弊依然深存。

孟子在先贤里面算是比较清醒的,并不是一味的提倡忠君爱国,而是寻求心中的正气,为认同保留了一点血脉。《孟子》中讲:"生,亦我所欲也,义,亦我所欲也。二者不可得兼,舍生而取义者也。"孟子认为如果君王是暴君,那就是独夫民贼,大家可以讨伐他,这也是符合天理的。

如果一个国家仅仅是一部分人可以实现认同,那么这种认同就不会长久,总会被大多数人推翻,这就是中国不断改朝换代的原因。更多的中国人,则像《孔子家语》中说的那样:"与善人居,如入芝兰之室,久而不闻其香,即与之化矣。与不善人居,如入鲍鱼之肆,久而不闻其臭,亦与之化矣。"大家都是在麻木中生存,只要有一线希望可以活下去,就不会造反。至于说内心的意愿,只能是在听书唱戏的时候发泄一番。

3. 个人和社会的冲突

中国人的认同历史更像是一部个人和社会的冲突史,当个人追求与人为善、遇事求真的内在要求遇到社会专制压抑的时候,每个人不得不进行自我调整。

　　拿心学大师王阳明来说，他的一生可以说波折起伏，总欲将心寄明月，无奈明月照沟渠。天资聪明的他刚进入官场不久，就遇上历史上大名鼎鼎的玩乐皇帝朱厚照。王阳明为了给南京给事中御史戴铣等人求情，虽然把上疏写的花团锦簇，一片深情，但还是触怒宦官刘瑾。先是被重重地杖责四十，下锦衣卫大牢，后又被谪贬至贵州龙场当龙场驿栈的驿丞。这还不算完，在赴任途中，刘瑾还派人追杀他，王阳明只好伪造跳水自尽才躲过一劫。

　　遭到如此不公的对待，在一般人眼里早该造反了，不过王阳明不但不造反，反倒帮着正德皇帝去江西南赣剿匪。当宁王朱宸濠在南昌造反的时候，他没有接到朝廷的指示就主动去平息叛乱。叛乱完毕还配合皇帝演戏，让皇帝在鄱阳湖上亲自"擒获"宁王朱宸濠。

　　按照王阳明致良知的理论，他所做的事情很难符合正常人的良知，但这就是历史上中国人面临的现实。当你依据内心的善念转换成外在美行的时候，你突然发现这个世界根本没有你所期望的秩序和制度。你所看到的还是外部混乱的行为，这些行为依托的不是众人"真、善、美"的叠加，而是权力的叠加，甚至是暴力的叠加，何等的失望啊！

　　中国人天性的自我麻醉精神源远流长，冲突归冲突，生活还是要继续。虽然有不食周粟的伯夷、叔齐[①]，但是也有愿意用自己的身体、子女和家庭来孝敬权力的易牙、竖刁和齐开方。在权力的蹂躏下，中国人的认同不但不能成为组织和社会的共识，而且个人的认同也无法真正实现的。

　　个人认同不能实现，最好的办法就是克制和改变自己。《论语·季氏》

[①] 伯夷、叔齐是商末孤竹君的两个儿子。相传其父遗命要立季子叔齐为继承人。孤竹君死后，叔齐让位给伯夷，伯夷不受，叔齐也不愿继位，先后都逃往周国。周武王伐纣，二人扣马谏阻。武王灭商后，他们耻食周粟，采薇而食，饿死于首阳山。

里讲:"君子有三戒:少之时,血气未定,戒之在色;及其壮也,血气方刚,戒之在斗;及其老也,血气既衰,戒之在得。"年少时因为人未定性,所以要克制自己的欲望,不要被欲望所左右,影响自己的心性和志向。中年人有了学识、地位和经验,要避免与人做无谓的争斗,保持平和与平衡。而老年人因为精力的衰退,就要避免再去干预太多的事务,不要寻求更多的身外之物。

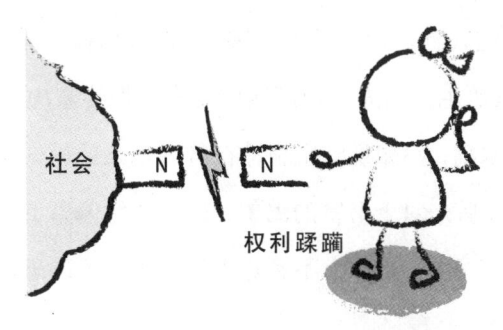

图 21 历史上个人和社会的冲突

中国人的认同冲突不但存在于专制之中,也存在于现代的体制下,不同的生活背景也会使我们产生认同上的差异。我们以陈水扁和马英九为例,再来看看个人和现代社会之间的冲突。

他们两人是同一年出生的,但是家境完全不同。陈水扁的父亲以佃农与长工为生,在台湾列为三级贫户,属于贫农中的贫农。而马英九的父亲是"行政院"的处长,母亲是"中央银行"的科长,官员加国企,简直是权力加财富的无敌组合。从这个意义上来讲,陈水扁出生就中了贫穷的第一支箭,后来是带着第一支箭在和社会竞争。

勤奋的陈水扁虽然有着天赋加努力,但是 1974 年他从台湾大学毕业时,同龄的马英九已经从台湾大学毕业两年了。陈水扁毕业后马上开始了自己的律师生涯,赚钱养活自己和家庭,此时的马英九正拿着国民党的奖学金在美国继续攻读法律研究生。在民进党的支持下,陈水扁 1994 年竞选成功,当选台北市长，第一次拥有了权力。而从美国博士毕业回来的马英九，第一份工作就是作为蒋经国"总统"的英文秘书，在陈水扁当选之前，已经是台湾"行政院"的"法务部长"。

接下来两人短兵相接，1998年竞选台北市长，谋求连任的陈水扁落败，马英九当选台北市长。后面的事情更加戏剧化，做了8年台湾地区领导人的陈水扁因贪腐锒铛入狱，而马英九在陈水扁下台后顺利当选。两个人都是1950年出生，农历生肖属虎，台湾两虎之争，最终富虎完胜穷虎。与其说马英九战胜了陈水扁，不如说陈水扁输在贫穷带来的第二支箭上，正是当年贫穷的阴影，造成后来对于财富的渴望，最终使他偏离了人生的轨迹。而马英九作为一个富家子弟，是体会不到陈水扁对于贫穷的恐惧的，更不会犯这样的错误。

这样的例子不是偶然的，看看近年落马的贪官，几乎都有一个贫穷的童年。成克杰、王怀忠这些位高权重最终贪腐的人，几乎都要叙述一下自己的苦出身，因此有人总结出贪腐者的基本履历：贫穷的童年，勤奋的中年，贪腐的晚年。在不健全的制度下，如果没有个人认同，平民出身的人更容易出问题，更何况隐含在他们内心贫穷的第二支箭，随时都有射入他们命门的可能。

乾隆时期的史学家赵翼，在《廿二史札记》中曾分析说，南朝多以贫穷出身的人掌机要，好处是"人寒则希荣切，而宣力勤，便于驱策，不觉倚之为心膂"，坏处就是"盖出身寒贱，则小器易盈，不知大体，虽一时得其力用，而招权纳贿，不惜顾及名检"。这些分析虽有失偏颇，但是出身卑微的人不可不戒，位高权重的人不可不察！而中国传统政治里面，用人以德为先的理念，使得官员耻于谈钱，但是俸禄微薄，清官也的确难做。

第三节 个人认同的本质和核心

第三章 解析认同型个人

思维
脑
联系
心
意愿
身
行动

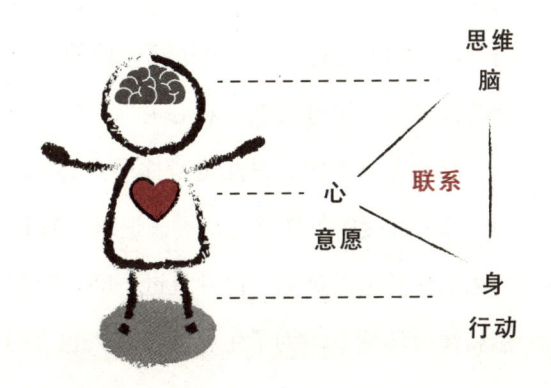

1. 个人认同的本质

尼采曾经说过："我们无可避免跟自己保持陌生，我们不明白自己，我们搞不清楚自己，我们的永恒判词是：'离每个人最远的，就是他自己。'"是什么导致了我们和自身之间的陌生？因为我们不明确自己的意愿，不了解自己的思维方式，不清楚自己的行动依据，更为重要的是我们不能把握自己行动、思维和意愿之间的关系。要想更清楚地认识自己，就要从本质入手，也就是身、脑、心三个方面之间的联系。

认同的发源在于我们内心，也就是我们内心的善念在驱动着我们去和其他人建立联系，形成一个和谐的整体。这个善念虽然存在于我们内心，但是被太多的外物所遮蔽，需要用思维去清理出来，这就要借助大脑的作用。大脑的作用是非常强大的，如果没有大脑为身心提供衔接，那么意愿和行动之间就会出现脱节。大脑思维的机制越全，一个人的身心就越协调、机制越强，一个人面对机遇和挑战就越有力量。我们所观察到的行动，都是意愿指引下，大脑思维进行协调的结果。这些因素可以是同时存在的，也可能单独存在，关键是不同人在不同环境下的个人选择。

如果身、脑、心三者没有形成协同，我们可以称之为孤立型，即一个人仅仅重视身体、大脑和心灵的某个方面，而忽视其他方面。孤立型的人往往因为各种因素的影响，不能进行全面的发展。我们可以进一步将他们细化为行动孤立型、思维孤立型和心灵孤立型。

行动孤立型的人只注重身体层面的付出和收获，过分关注组织制度的约束，寻求直接的外在体验，不去追求逻辑和心灵方面的支撑。他们厌恶复杂的思考和长远的计划，得过且过，讲究船到桥头自然直。当然，在恶劣的自然和社会环境下，为了生存，很多人也会出现这样的状态，所谓难得糊涂。

对于大多数人而言，出现这样的状态是缺乏对自身意愿挖掘的结果，也就难以获得心灵上的快乐。

思维孤立型的人过分关注自己在组织中的地位，只注重思维层面，怀疑一切，否定一切，而忽视行动和目标在现实中的作用。在目标上前怕狼、后怕虎，不敢去追求自己的梦想。在行动上起得早，走得晚，缺少实际的落实。现实中这种类型的人还是挺多的，他们往往谨小慎微、瞻前顾后，高不成低不就，很难有所成就。有些时候，一个人遇到的挫折多了，也会产生这样的心态。

心灵孤立型的人过分关注自己的内心，具有很强的目标导向，但是对于如何去实现自己的目标既缺乏途径，也缺乏行动。这种人如果谈起自己的抱负头头是道，但从来看不见他真正的成绩。赵奢和儿子赵括谈论兵事，赵奢没有难得住赵括，但是他却不看好儿子。赵奢对妻子说："兵，死地也，而括易言之。使赵不将括则已；若必将之，破赵军者必括也。"知子莫若父，后来赵括指挥上党之战，被秦军房杀四十五万人。

在现实中，绝对的孤立型人格是很少的，大多数人都在身、脑、心方面有一定的自我认识。如果根据思维不同层次的下沉，我们可以看到从"无善无美"到"大善大美"的不同反应。大体可以依据以下的公式：$s = x\ y_i\ z\ (i=0, 1, 2, 3)$。其中，s 代表认同程度，x 代表意愿，y 代表思维，z 代表行动，i 是 y 的下标。当 i=0 时，即 Y=0，则 S=0，代表 X 和 Z 没有建立联系，因为缺乏 Y 的有效协调。此为经验型人格的常规表现，即行为和性格上存在缺陷，譬如说言行不一致、目标不坚定、前后不连贯等。这些行为方式不但会影响个人的目标实现，而且会影响到周围人的认识和判断，对其不信任。

单纯从表现来看，大多数经验型的人也是非常优秀的。他们的志向和行动之间因为没有深度思维的连接，反倒可以更快地做出反应。他们的所有行动和言语都是功利性或者技术性的，只不过是视环境的改变做出的直接反应。这样的人没有认同可言，更多的是自己如何短期内获得利益。

经验型的人要想真正认清自己，了解自己的意愿、思维和行动间的关系，就要学会深度思考，从个人、组织和社会的不同层次出发，建立起三者之间的连接。

当 i=1 时，代表 X 与 Z 开始建立联系，但人们还只关注于自己的保身之道。人生总有起伏和曲折，在恶劣的环境下，首要的目标就是保身，这时候一定要掩盖自己的志向。刘备和曹操煮酒论英雄时的示弱，孙膑被庞涓迫害时的装疯，都是不得已之举。这个时候一定要谨小慎微，所有的攻击嘲讽都要靠胸怀接纳和消化。而自己的精神意志却要更加坚定，以支持自己获得最后的胜利。

在和平年代里，就要选择做一个平和的人，将自己的精力转化为知识和技能，进可以立身，退可以保身。越是在平淡的环境中，越是一个人实现个人认同的良好机会，也是为将来立身做准备的必要储备。

当 i=2 或 3 时，则 S 最大化，代表认同已经形成。人们希望建立自己的外部事业，当处于顺境时，要有大志向，通过思维的转化，成就一番大事业，治国平天下。要有大胸怀，通过思维的平衡，不断提升自己的能力和修养，塑造自身的完美。当身处逆境时，要有强大的精神，通过思维的隔离，实现自身的生存和安定，"留得青山在，不怕没柴烧"。

在实现认同的过程中，重要是发挥大脑的协调作用。人的大脑是上天给人类最好的礼物，它能够化腐朽为神奇，如果你确定得不到一样东西，你的大脑就可以说服你不需要；如果你不喜欢的事情发生了，你的大脑可以说服你这是可以接受的。大脑就是人体幸福的调节器，只要你的大脑在工作，你就会把一切都变成可以接受的最好结果。转化、平衡、隔离，都是大脑思维的工具，不要忽略其中任何一项。

在现代社会，实现个人认同是一种自我调适机制，而不是基于专制的作威作福。一旦超越个人认同，成为组织认同，就要受到组织制度、结构和价值的限制，不能像刘邦那样，仅享受做皇帝的尊贵，还需要接受组织和社会的制约。

王阳明《传习录》里说："身之主宰便是心，心之所发便是意，意之本体便是知，意之所在便是物。"身、心、意之间是紧密相连的。行为上的独裁，往往意味着心灵上的放纵，思想将这种毫无顾忌的内心想法转化成唯我独尊的行为。内心中各种志向、胸怀和精神，经过思维的转换、隔离和平衡，反映到行动上，构成了各具特色的世间百态。

2. 个人认同的核心

中国人在祝福别人的时候经常用的一个词是"福寿康宁"，这个词来源于《尚书》中的五福，分别是：一曰寿、二曰富、三曰康宁、四曰攸好德、五曰终考命。福、寿、康宁都好理解，"好德"是生性仁善而且宽厚宁静，"终考命"是没有横祸、牵挂的离开人间。五福，是中国人传统愿望的体现，它不是强调某一方面的突出，而是强调人世间各种美好的平衡。

中国人不讲究大富大贵，因为相信物极必反，亢龙有悔。居高位而不知谦退，则盛极而衰，不免败亡之悔。真正的智者讲究平衡，适可而止，而贤者要更进一步，不追求外在的享受，只注重内心的修炼。事实证明，放纵和挥霍是带不来幸福的，带来的更多是空虚和灾难。

认同的核心是平衡意愿、思维和行动三者之间的距离。如果自己的目标太高，超出了实际的可能，就要想办法调整；而如果自身的行动过于激进，超出了环境的许可，就要使它平缓下来。

当今社会无人不知史蒂夫·乔布斯，作为苹果公司创始人之一，他身后留下了价值数千亿美元的高科技公司。有人评价他是这个时代的爱迪生、福特或迪士尼一样的伟人,是 21 世纪第一位辞世的伟人与天才。苹果公司在他的领导下,成功地实现了企业的复兴,而且成为时代的强者。如果我们换一个角度,仅从乔布斯本人来看,56 年的生命历程在 21 世纪实在太短暂了,只是普通美国人平均寿命的七成。人生的辉煌与成就掩盖不住生命逝去的遗憾,乔布斯作为少年得志者,应该还有途径去避免以殉身为代价的成功。

人的寿命受各种因素影响,但是身体的运动和内心的宁静是最为重要的。很多中年人,无论是商界还是政界,甚至是科技教育界,都只注重自己成果的产出,而不注意节制身体的投入。很多人最终获得了事业的成功,但却失去了健康和生命,这不能算是真正的成功。优秀的人有一个共同的特点,就是过分自信,相信自己异于常人,只要意志坚强便能战胜一切。其实无论人的身体还是心理,承受能力都是有一定限度的,如果没有大脑的自我平衡,总有突破底线的那一天。

鲁迅有一句名言:"时间就像海绵里的水,只要愿挤总还是有的"。可是我觉得如果你把海绵里的水挤干了,海绵怎么办?鲁迅终年 55 岁,据说他在逝世前不久,生着病,体温很高,体重减轻到不足 80 斤,可是他依然坚持着写作和翻译文章。他在去世的前三天,还给别人翻译的一本苏联小说集写了一篇序言,在去世的前一天,还记了日记。这样的节奏,身体怎么受得了呢?而北大哲学系的教授,据说平均寿命超过了 80 岁,这是否是哲学在起着平衡作用呢?

爱斯基摩人有一种残忍的捕狼方法:他们在雪地里插一把尖刀,刀尖朝上,再往上洒一些鲜血,寒冷的天气把这个小血堆冻成了一个冰疙瘩。饿狼闻到了血腥味后,就会来到这个冰疙瘩前,开始用自己的舌头舔冰堆上的血液,并希望将冰堆舔开,以为下面会有受伤的动物。不久狼就舔到了刀尖,但这时它的舌头已经被冻得麻木了,没有了痛觉,只有嗅觉在告诉它:血腥味越来越浓,美味的食物马上就要到口了。狼越舔自己的血流得越多,血腥味又刺激它更加卖力的舔下去，最终失血过多的狼倒在冰雪地里。越是嗅觉灵敏的狼，越容易发现这把带血的刀，而越是贪心的狼，越是容易倒在刀口之下。

科技的发展和物质的丰富，为人类提供了良好的娱乐和生活条件，不必再遵循日出而作、日落而息的自然规律。在这种情况下，人类如果不能建立起自我约束的机制，那就会受到放纵的惩罚。各种娱乐设施和工具在不断压缩人们的睡眠时间，各种美食在挑战着我们的口腹之欲。心灵的安宁成为一种奢侈，身体的舒缓变得稀缺。我们就像雪野里的饿狼在舔舐着自己的鲜血，忘记了保持人类应有的反省和克制。这种舔食自己鲜血的行为已经不是个别人的行为，而正在演化成集体的"狂欢"。人类正在肆无忌惮的膨胀着自己的欲望，放纵着自己的身体，将理性和劝诫抛之脑后。人类所赖以生存的环境在不断恶化，我们的水资源在枯竭、被污染，我们的空气在浑浊、变质，我们的食物在变得越来越不安全，而这些都没有阻止人类放纵的脚步。

喜欢下棋的人都知道平衡的重要性，不但每一步棋的优劣要进行比较，次序要进行权衡，更重要的要保持棋局的平衡。不但要考虑自己和对方实力的平衡，也要考虑自身实力和外势的平衡，还要考虑获得实力和着手先后的平衡。高手下棋有一个特点，就是他们很少速败或者速胜，往往寻求的是一种步调，这种步调的原则就是平衡。

马克思在《资本论》中说："如果有10%的利润，资本就保证到处被使用；有20%的利润，资本就活跃起来；有50%的利润，资本就铤而走险；为了100%的利润，资本就敢践踏一切人间法律；有300%的利润，资本就敢犯任何罪行，甚至冒绞首的危险。"这句话表面说的是资本，其实根本上说的是人性，为了达到高额的回报，不惜付出身体的代价。这种转换关系不是心血来潮，而是凭借大脑来协调心灵和身体之间的转换关系。有很多东西买不到，不是因为不卖，而是因为出价还不够高，巨额利润下，不但身体可以付出，心灵也一样可以出卖，大脑就是拍卖师。

从心理的角度，每个人都有成就、占有、荣誉、自由等需求；从生理的角度，每个人都有基本的衣食、冷暖、坐卧的生理需求。心理需求和生理需求并非是完全统一的，每个人都有不同的处理方式，这种处理方式来源于不同的大脑，来源于不同的思维方式。

在某种意义上，心灵需求是我们的长期目标，而身体需求则是短期目标。在皮克迪《21世纪资本论》中所论述的，近百年人类历史上资本的净资产回报率基本上在3%～4%之间。如果不考虑收入的差别，富人更多的是从短期利益转换为长期利益，而穷人则是不计算这种转换的。压缩消费增加投资，是一种价值的主动选择，如果劳动收入过低，这种选择在低收入群体中更像是一种被动选择。

不同思维形成的理财方式，经过长期的坚持就会发生质的变化，理财的人通过金融获取了更多收入，而消费的人依然完全依靠劳动收入。现在有一种提法，社会有3%的人依靠权力或者财富来获得收入，称为资产阶级；有10%～15%的人依靠知识和名望来获得收入，称之为中产阶级（一种高层次的无产阶级）；而剩下超过80%的人，都要依靠劳动和时间来获得收入，他们被称为无产阶级。在这种社会结构被打破之前，每个人要做的就是如何去改变自己的收入结构，以获得更高的社会层次。

晚清名臣左宗棠有一副对联，很好的总结了意愿、思维和行动之间的关系："发上等愿，结中等缘，享下等福；择高处立，就平处坐，向宽处行。"在意愿的层面，要发上等愿，择高处立，要通过自己的志向、胸怀和精神，去争取人生的高点。在思维层面，要结中等缘，就平处坐，利用大脑的转换、隔离和平衡，去寻求一个和自己实际相符合的定位。在身体层面，要享下等福，向宽处行，记住保身、修身和立身，享受长久自在的境界。

第三章 解析认同型个人

第四节 个人认同的发展方向

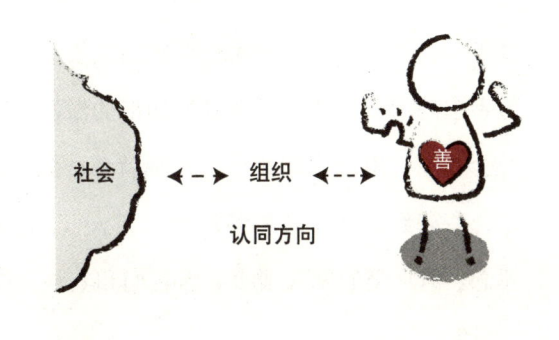

社会 ←-→ 组织 ←--→ 善

认同方向

1. 培养我们的善念

在认同理论中，善念是人的核心力量，随着善念的消长，我们自身的影响力也在不断的发生变化。当我们应用认同理论时，首先需要向内审视我们是否启动了自身的善念，并且关注自己善念的强弱，是否能够传递给我们周围的人，是否形成了组织价值理念，是否融入了社会文化。

有人不同意善念可以解决问题，《商君书》里说："仁者，能仁于人而不能使人仁，义者，能爱于人而不能使人爱。是以知仁义之不足以治天下也。"当年商鞅也是按照这样的指导思想来做的，秦孝公十六年，太傅公子虔犯法，商鞅曰："法之不行，自上犯之。"然后商鞅对公子虔施以割鼻之刑。商鞅的"工具箱"里不但有割鼻这样的刑罚，还有肉刑、大辟、凿顶、抽肋、镬烹等刑罚。后来商鞅在新皇帝面前不得宠，被人诬陷谋反，无论是诸侯豪强，还是农夫店家，都不愿意收留他，最后被秦惠王处以车裂之刑。

商鞅是成功的，他的成功在于确立了制度大于一切，极大地提高了国家运行的效率。但商鞅也是失败的，他的失败在于彻底摧毁了人们心中的善念，将国家变成了一台冷冰冰的机器。人们虽秉持恭敬之心和是非之心，却失去了怜悯之心和恻隐之心，人性中的恶之花也在严酷制度下悄然绽放。

认同理论推崇善念，虽然善念的确不是万能的，不能解决所有问题，甚至在解决问题的效率上也不高，但善念却是我们用认同去解决现实问题的出发点。当我们将酷刑作为获得长治久安的法宝，我们就和外界对立起来，不但善念的不到发挥，恶念也被加倍的激发。当我们周围充满了恶念，我们的社会和谐、组织效率和个人幸福就都成为"幻象"，无法实现。

我曾经交往过各种各样的"恶人"，结论是：有些人的确经常产生一些恶念，但真正的恶人很少。当我们和其他人交往的时候，总是有不同的具体环境在影响着我们的内在状态。设想一下,当人力资源部门突然解雇了你一个得力的助手,或者你的属下完全偏离了你设定的谈判方向,你开始被这些不可理喻的行为所激怒,内心的善念开始像沙丘一样被风侵蚀。此时你要更加稳定自己的内心,保持你和外部的连接,我们凝视对方的双眼,调整自己的内在意愿,形成一种从内及外的善念,认真沟通并了解情况。这时候往往会有奇迹发生,我们互相理解并达成了共识。

即使我们的善念没有得到及时的回应,但这并不是善的过错,而是对方外在的善被遮蔽太久,需要时间拂去灰尘。当我们觉得善念没有得到回应,开始启动我们的恶念时,对方的善念也就重新被遮蔽了。

佛教天台宗有云:"一念三千。""起一念必落一界。"当内心深处恶念涌起之时,不必说什么因果循环,就是你周围的人也能够感觉到你的变化。所以当一个人的意愿里充满善念的时候,这个人就容易被周围的人所辨识,就会积极地向他靠拢。当大量的善念聚集在一起,也就形成了共同的价值理念,这就构成了一个组织的思想基础。

如果世界是一个整体,我们的善念就是这个整体的粘合剂。当我们自身用善念粘合的时候,我们就会感受到无处不在的幸福;当我们的组织用善念粘合的时候,我们就会感受到一个充满信任的整体。客观地说,善念不可能解决所有问题,这个世界上有时也需要用暴力和战争去获得和平,但是战争和暴力只是一种手段,而不是意愿。如果我们相信自己的行为是一种被内在意愿支配的常态,我们就不能低估善念的力量。尤其是作为一个组织的领导者,需要不断检查内省自身的意愿是基于善念的表达,还是基于恶念的驱使。如希特勒、墨索里尼和东条英机,当这些恶念在带给人类灾难的同时,也将他们送进了阿鼻地狱。

当善念超越个人和组织的范畴,成为社会文化的主导内容时,一个社会就会呈现出和谐的场景。无论什么样的社会制度，无论什么样的宗教文化，善念的弘扬是一个社会中永恒的主题。如果一个社会中善念成为一种稀缺物质，甚至成为被愚弄利用的对象，这个社会也就失去了希望。

现代社会更加注重慈善事业，这就是善念发挥和传递的一个良好途径。具有权力势能的领导者要为慈善创造更好的政策制度环境，具有财富势能的领导者要为慈善提供更多的金钱和物质捐赠，具有知识势能的领导者要为慈善提供更加便捷的途径和方法。

当然，慈善只是一种直接意义上的善念，还有更多普通人也可以践行的善念。譬如说更加环保的生活方式，更加平等的沟通理念，更加谦让的行为方式。当每一个人都心怀善念，我们就会建立起更加信任的社会关系，更加有凝聚力的组织关系，更加平和幸福的个人心态，这就是善念的力量。

当我们遇到外界的压力和威胁时，我们的善念会帮助我们克服恐惧，提升我们的浩然之气。当我们遇到外界的嘲讽和歧视时，我们的善念会帮助我们正本清源，认识和坚定自己的信心。当我们内在被愤怒和执念所左右的时候，我们的善念会帮助我们回归整体意识，建立和外部的连接。

2. 提高我们的真知

2015年诺贝尔经济学奖获得者安格斯·迪顿认为：富国对穷国的援助不但不会帮助穷国，而且有可能加剧穷国的贫困。这个论断有点像是"资源诅咒"，就是资源丰富的国家比资源稀缺的国家经济增长更加缓慢。为什么会出现这样的情况？ 原因有很多，但主要原因还是由于这些援助或者资源的存在，使得财富的分配和个人能力之间的联系被弱化，人们不是关注财富的创造，而是更加关注财富的分配，最终导致社会失去竞争力。

"塞翁失马，塞翁得马焉知非福。"得失的转化应该使我们警惕。人生是由无数个判断和选择组成的，社会也是由这些个体的判断和选择形成的规律所左右。一个人仅仅有善念是不够的，还应该有真知。我们知道真理是绝对性和相对性的统一，虽然我们在无限的靠近真理，但是我们离真理总是存在一定的距离。我们对于外界认识的越多，就离真理越近，我们越是封闭自己，就离真理越远。

当我们认识到这一点，我们就要审慎地对待我们的善念，如果没有真知的支撑，善念就会被蒙蔽，也就得不到真正的弘扬。善念不仅是我们自身对于"善"的定义，也是和外部世界交互的结果。对于真知的不断追求，也是我们善念逐步养成的过程。

在现实中，我们爱护孩子是一种"善"，关爱他的衣食住行，关爱他的喜怒哀乐，但是一旦过度的关爱，我们的"善"就有可能成为"恶"，变成对孩子的溺爱。如果站在更加长远的角度去爱护孩子，我们就会关注他的学习能力、生活习惯和道德品质，使他能够健康成长。

真知是一个度量单位，它随着时代的发展不断发展。在亚里士多德眼里，力是维持物质运动的原因，而在牛顿眼里，力却是改变物质运动状态的原因，到了爱因斯坦，力成为了物质本身的一部分。我们对于真知的探求也需要时间和包容，不断摒弃旧的观念，才能不断进步。

当我们获得了自身认识上的真知，我们就希望把这些真知能够和其他人分享，在分享的过程中再去检验和提高我们的真知，这个过程就是我们自身思维和智慧提升的过程。除了自然科学，组织和社会的运行也有其固有规律，在物质生产还没有完全满足人们的需求之前，尤为重要的就是经济规律。

人和人之间的真知在组织和社会中进行碰撞，就决定了组织和社会的结构和运行规律。一个组织和社会是否健康，就看个人的真知是否得到了充分的发挥，组织的真知是否体现在组织的结构和流程之中，社会的真知是否在经济运行中遵循了客观规律。

在传统的组织方式下，真知是掌握在更高层级的人手里，低层级的人只能按照高层级的真知行事，不需要做自身独立的思考。在传统的农业社会和工业社会前期，这的确是一种富有效率的组织方式，但是并不适用于目前以科技和创新为主要竞争方式的环境。

世界是不断发展的，真知也需要不断发展。目前社会中遇到大量的复杂问题，有人求而不得，就希望回到改革开放前的状态，这就是典型的缺乏真知思维的表现。

认同理论中的真知是整个理论的中坚力量，没有真知的支撑，理论也就丧失了基本价值。所以作为认同理论的践行者，要克服组织和社会对于真知的割裂和压制，用真知来支撑自己的善念，改善组织的结构，寻求经济的运行规律。

当一个人用真知来思考的时候，可能会遇到这样那样的困难，此时需要我们直面困难，不可推诿、回避。一个组织也是这样，直面问题，挖掘问题的根源，才能真正地实现组织的强大。我们热爱真知，真知使我们的目光更加清澈，使我们的思维更加清晰，使我们的内心更加强大。人必先不自欺，而后人不欺之。

3. 实践我们的善行

一个理论最重要的价值就是指导我们的行动，认同理论也不例外，希望通过这个理论改造我们的思维方式的同时，也改造我们的行为方式。现代社会虽然鼓励特立独行，但是也需要一定的秩序。当一个人发现路上有个别车辆在逆行的时候，还可以坚信自己的方向正确；但是发现所有的车都在逆行的时候，只能证明自己正在逆行。一个人无论是什么样的个性，都不能不顾及整体的秩序。

美行其实就是善念的外在表现，我们有了内在的善念，就会更加包容地看待周围的人和事物，就会更加愿意遵循外在的秩序。一个人的成长都是从学习外在秩序开始的，这种学习就是美行的养成过程。一个良好的习惯，不但需要内在善念的支撑，还需要外部目标的指引。只有拥有更高目标的人，才会有更强的自我约束能力，使自己克服外部环境的诱惑，坚持自己的修养。

美行不仅是个人修养的问题，也是一个外部约束的问题。思想的自由不会给其他人带来困扰，但是行为的自由却会影响到他人，因此组织和社会需要一定的制度来约束个人的行为。

当我们谈到制度的时候，我们都是在讨论对于行为的规范和约束，而不是对思维和意愿的规范和约束。没有人可以限制其他人的思维和意愿，如果进行限制，结果就是谎言和虚伪的盛行。

制度应该对行为有一种正向激励，而不是促进人们行为的恶化，因此必须要使美行得到回报，恶行得到惩戒。政治制度是制度建设的最高形式，是对人们行为的最大规范。因为政治制度在社会运行中的强制性特点，因此需要和可见的现实相连接，而不是空中楼阁。每一个社会人都需要接受政治的规范，遵守制度的约束，形成人与人之间可预期的关系。

因为制度和政治都是为了人类秩序不得不采取的手段，所以要尽可能的简化其产生的成本，避免增加因此形成的个人负担。个体如果能够遵循美行的原则，就会减少组织和社会对行为规范所做的投入，能够建立更加简洁有效的社会运行机制。个人行为越是自觉，组织制度就可以越是简化，社会政治就越是清明，反之亦如此。

我们看到很多组织制度过于僵化和琐碎，把组织成员的精力都花费在偏离主航道的方向上，影响了组织价值的实现。譬如规定坐什么样的位置，用什么样的格式和字体,这些都和业务只有一点关系,但是却牵涉了大量精力,得不偿失。

我们在分析个人、组织和社会的时候,要知道行为、制度和政治不是一个社会前进的动力,更应该看作是一个基本的保障,用来保障我们的思维、结构和经济发展,用来保障我们的意愿、价值和文化的繁荣。站在这个意义上讲,美行是自我修养和外部约束的共同结果。

人类的一切成果都是建立在具体行动上的,没有具体的行动,所有的意愿和思维都是一句空话。个人需要从自己的行动上去塑造自己,从具体的劳动中获得组织和社会的承认,而不是停留在空想和空谈的层面。组织也需要通过衡量每个人的劳动成果,来评价个人对于组织的贡献,确立其在组织中的地位。社会更是要建立起用实际成果来衡量个人价值的机制,而不是通过个人的阶层和位置来分配劳动成果。总之,要建立起一个客观的衡量机制,来鼓励更多的人通过自己的美行来获得社会认可,实现自身价值,这才能够促进更多地人践行美行。

第四章 解析认同型组织

第一节 组织认同的内涵与特征

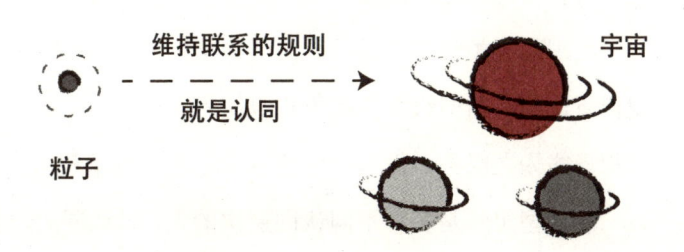

维持联系的规则就是认同

粒子 → 宇宙

1. 组织认同的内涵

从广义上说，认同是组成这个世界的重要规则，超越了个人、组织和社会的范畴。宇宙浩瀚不知其边际，粒子微小不知其内核，在细微的粒子和浩瀚的宇宙之间维持联系的规则，就是认同。最小的微粒相互认同，组成更大的颗粒；更大的颗粒相互认同，构成地球上的万物；地球与各个已知的、未知的星球相互认同，构成无尽的宇宙。

在漫长的旅途中，无论我们翻过多么高的山，渡过多么深的河，偶然一瞥，就会发现某个角落里的一个村庄，有一群人相互支撑着生活在一起。认同不但是世界运行的规则，也是人类社会形成的规则，是人类相互吸引、相互依偎的根本原因。世界是如此复杂，任何事物都有其存在的原因，一切事物都可以找到其存在的理由，我们接受了黑格尔"存在就是合理"的论断。

认同是人类渴望相互信任相互支持的内在反应，是内心之善转化为外在之美的过程。个人之间的认同相互叠加，促进了人类社会的变化发展，不同时空下的认同构成了不同形式的社会组织形式。各种力量在不断的发生变化，随着认同力量的此消彼长，社会制度也在发生着变迁。而不同的经济发展阶段、历史文化背景、人员组成结构，都是认同发生转变的土壤。

认同型组织建设是整个认同体系建设中最为重要的一环，它承接了认同型社会的具体化，也为个人认同提供了晋升的平台，因此我们说认同型组织是个人和社会的连接途径。

组织是人类社会中最基础的群体结构，既有正式组织，也有非正式组织，我们所说的认同型组织多指正式组织。不管什么样的社会制度，都会有多种组织形式为之服务，作为个体的容身之所，也承载着大大小小的使命。

认同型组织是各种不同认同层次的人，以认同的理念结合起来，因此组织的核心是结构和流程，也是我们直接参与和建设的部分。组织结构是各种思维的集合体，好的结构可以发挥不同思维的灵活性，获得对外部世界的真实感知。在一定的社会环境下，组织结构受经济发展的直接影响，也决定着个人的思维模式，因此组织结构是组织认同的最核心要素。

我们观察一个组织是否健康，可以通过组织结构和流程的合理程度来判断；我们观察一个领导者的能力如何，可以通过他调整组织结构的力度来判断；我们观察一个社会是否运转正常，可以通过各类组织结构和流程是否匹配来判断。总之，组织的结构和流程包含着我们需要的大多数信息，是建立认同的核心枢纽。

虽然组织结构是认同的核心，但并非组织存在的理由，只有组织价值才是组织的灵魂。每一个组织都有其自身存在的意义，这个意义是由组织价值来承载的，缺乏组织价值的组织是没有生命力的，也无法承载社会文化和个人意愿，也就得不到个人和社会的支撑，无法长期存在。更多时候，组织价值不是不存在，而是不稳定，因此无法建立起和组织价值相匹配的组织结构和制度。

组织制度是组织结构和价值的守护者，也是组织秩序得以维护的基本保障。组织制度不是独立存在的，它具体维护着组织结构和流程，体现组织价值的方向。合理的制度总是根据组织流程的变化而变化，而不是一成不变，甚至成为组织运行的障碍。

组织制度、组织流程和组织价值之间的相互一致和协调，形成了认同型组织。组织价值是组织前进的引领，指引着组织前行的方向；组织制度是组织秩序的稳定器，避免组织冲出轨道；组织结构和流程是组织的功能主体，完成组织承担的具体使命。

组织具有多种表现形态，并不能整齐划一，这也是市场竞争和发展的结果，虽然我们可以进行设计，但是组织有它自己的运行规律。《晏子春秋》

所言:"橘生淮南则为橘,生于淮北则为枳,叶徒相似,其实味不同。所以然者何?水土异也。"不同的环境中,允许组织具有不同的价值、选择不同的结构、制定不同的制度,最终形成认同型组织。

我们知道,认同型个人是身体、大脑和心灵的协调统一,心灵负责产生动力和欲望,形成"善",大脑负责思考和运筹,追求"真",身体负责实施和落实,完成"美",这三者都在为个人的生存和发展做努力。组织制度是共同行动(美)的结果,组织结构是共同思维(真)的结果,组织价值是共同意愿(善)的结果,因此认同型组织是认同型个人的集合。

世界上没有最好的组织形式,只有适合的组织形式,个人认同是和组织环境密切相关的,每个人既是环境的原因,也是环境的结果。

2. 组织认同的特征

认同型组织对应着每一个独立的人,组织结构是能力和需求的结合,各个岗位和职责具有平等的组织地位,不能因为岗位和身份的差别而形成人和人之间的不平等。在传统组织中,因为层级和制度的原因,每个人都被简化为具体的岗位,组织分工被异化为人员分级分类,形成事实上的不平等。这种事实上的不平等被组织结构和流程所放大,成为权力上的不平等,人们不但在工作流程中形成了命令和服从的关系,现实生活中也划分为三六九等。

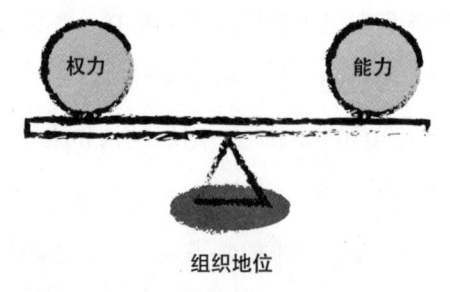

图22 组织认同的特征

这种身份的固化，形成了只有高层为组织负责的理念，导致传统组织对于环境变化的不敏感，因此容易被激烈的竞争所淘汰。在组织分工中地位较低的成员，因为遵从制度要求，无权对组织出现的问题进行第一时间的应对，而高层却因为不能及时了解基层动态，难以觉察正在形成的威胁，导致不得不在危机爆发后才能应对。

同时因为身份的固化，导致传统组织成员肩负组织价值的责任也不一致，地位较低的成员更多是被组织制度所约束，对于组织价值难以形成认同。高层虽然可以站在组织价值的层面去驱动组织发展，但是这种动力难以传递到底层成员，导致组织缺乏有效的行动。

破除传统组织中的层级和控制，形成个体身份的平等，就要允许不同岗位具有同样的表达权利。因为每个人的能力素质不同，成长生活的环境不同，所在岗位的要求也不同，所以应该允许组织中的个人有不同的意愿、思维和行动。组织不能去硬性改变个人的认同要素，只能通过组织的制度、结构和价值来影响和选择组织成员，组织成员也有权利选择和自身匹配的组织。

认同型组织是认同型社会的具体存在形式，也是认同型个人的发展平台，具有特殊的存在意义。实现了组织认同，组织成员的能力得到协同和凝聚，可以提升组织的效率和竞争力。同时在组织认同的状态下，更加自然的实现和社会政治、经济、文化的衔接，增加对环境的适应能力。

从传统的组织结构来看，组织有自己的目标和愿景，这些目标和愿景通过组织结构和流程获得分解和支撑，而后通过组织制度的保障，落实到具体的生产环节，完成组织的最终使命。依照组织目标—组织结构—组织制度的顺序，组织运行过程是一条直线，而组织成员也会按照自身能力排列在不同的岗位上，依据权力高低传递指令和信息。这种组织无疑具有比较高的执行力，也能够保持稳定的层级秩序，但是也缺乏自我革新的动力，降低了对外部变化的适应性。

当组织结构和流程具有一定的柔性，可以根据组织成员的认同程度进行调整时，组织内部也就具产生了活力。组织权力和组织能力进行更为有效的匹配，组织结构就更富有弹性，对外部环境的适应能力也得到提升。

在高新技术领域，我们看到很多创新型企业快速发展，这些企业往往由传统领域鲜为人知的企业家所创立，而那些在传统领域大有成就的企业，携大量的资金、经验和商誉杀入高新技术领域，结果往往是铩羽而归。什么原因？很大程度上就是组织结构和流程出现了问题，也就是认同问题。

成功的传统企业已经形成了成熟的管理理念和管理队伍，这些理念和队伍往往遵循直线式的运行模式，具有很强的执行能力。可惜的是，在高新技术领域，很多问题的解决并不是建立在命令的基础上，而是建立在认同的基础上。

第四章 解析认同型组织

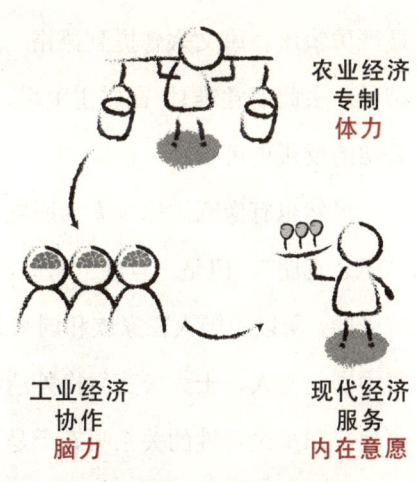

第二节 组织认同的历史梳理

农业经济
专制
体力

工业经济
协作
脑力

现代经济
服务
内在意愿

· 组织认同的理论史

1. 组织认同的发展史

中国有记载的文明虽然不能准确测定,但是我们一直按照"五千年的文明"来自表。近代考古发现了 3000 多年前商朝的甲骨文、5000 年前的陶文、甚至 7000 年前具有文字性质的龟骨契刻符号,这些文字的存在说明当时人类已经形成了一定范围内的社会生活。从历史的积累来讲,中国的历史文化可谓丰富至极,但是对于组织的概念却非常陌生。中国的传统历史故事,基本上讲述的都是王侯将相史。拿《史记》来说,全书十二本纪(记历代帝王政绩)、三十世家(记诸侯国和汉代诸侯、勋贵兴亡)、七十列传(记重要人物的言行事迹,主要叙人臣),普通人只是里面的点缀。

在古代,可以说得上是组织只能是家族。一个家族就是一个生产单位,一个家族就是一个组织单位,偶尔有人能出人头地,功成名就后又为家族谋求更多福利。

在集权社会,最致命的罪名就是"朋党",东汉的党锢之祸、唐代的牛李党争、宋代的元祐党案、明代的东林党案,凡是结党,几乎在每个朝代都被严厉镇压。唐文宗曾提到德裕、宗闵各有朋党、互相济援时说:"去河北贼易,去此朋党难!"在君主眼里,朋党是一种对皇权的巨大威胁,甚至比公然的反叛更可怕。

虽然也有像欧阳修等人为朋党辩解"为人君者,但当退小人之伪朋,用君子之真朋",但是一旦建立有宗旨、有纲领的组织,是任何统治者都不能接受的,所以中国人在家族和国家之间建立了一个单线的联系。这种联系使得中国的文人、士大夫变得格外清高和敏感,与同阶层的人交往尚且如此,更何况和平民百姓的关系呢?于是乎"谈笑有鸿儒,往来无白丁"成为他们的精神追求,孤芳自赏、独来独往似乎成了清官的代名词。

人有社交和被认可的需要，在朋党之路不通后，"关系"之门却打开了，这似乎就是西方人所说的非正式组织吧。无论是哪个皇帝登基坐殿，也无论自己身处何种阶层，中国人通过各种千丝万缕的关系，建立起了一张自己也不甚清晰的人际关系网。裙带、同僚、年兄、门生，在这样的人际关系网里，中国人获得了马斯洛需求①里的各个层次——生存、安全、尊严、自我实现，什么个人认同、他人认同，在关系面前一概失效。与组织严格的制度、规则要求相比，中国人更加适应这种人际关系带来的舒适和稳定，在这张人际关系网里，一睡数千年。

1911年，在内忧外患夹击之下，中国人终于放弃了延绵数千年的皇权体制，开始了民主共和的尝试，也使得持续千年的党禁不再。中国国民党和中国共产党的相继成立，开创了中国不但依靠伟人，而且依靠组织去获得政权、治理国家的新格局。

新中国成立的前三十年，是国际秩序重建和逐步稳固的三十年，也是新中国努力探索生存道路的三十年，在当时的生存环境下，新中国不但需要国内的认同，也需要争取国际的认同。领导者的功过是非难以评说，但是作为一个新生政权，获得广大人民群众的认可就是胜利。

20世纪70年代末，改革开放成为中国发展的主要驱动力。改革开放的实质，就是取得认同的过程，改革是为了取得国内的认同，而开放是为了取得国际的认同，两者相互促进。主要调整经济制度和组织形式，放松社会管制，无论是城市还是农村、工人还是农民，组织形式一变，人的积极性和劳动生产率也发生了巨大的变化，中国走上了快速发展的道路。

---

① 马斯洛需求层次理论是人本主义科学的理论之一，由美国心理学家亚伯拉罕·马斯洛在1943年在《人类激励理论》论文中所提出。书中将人类需求像阶梯一样从低到高按层次分为五种，分别是：生理需求、安全需求、社交需求、尊重需求和自我实现需求。

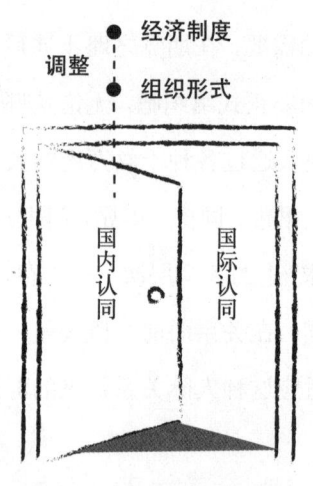

图 23 组织认同的发展史

　　在组织形式上，中国的管理者认识到计划经济的弊端，将各种自主权下放到了各级生产经营单位。在那个时期，自主权下放的越大，生产经营的积极性越大，组织改革获得了巨大的红利。

　　进入到 21 世纪，作为世界工厂的中国企业，虽然能够最大限度地利用包括人力在内的各种资源，实现最大限度地产出，但是已经很难适应产品独特性和创造性的需要。尤其是在技术更新加速的背景下，如何建立以创新为核心的组织架构，实现以竞争为核心的战略管理成为首要问题。要实现科学管理型组织向创新管理型组织的转化，关键就是要变组织人员的被动劳动为主动创造。在如何用好、管好知识创新型人才和用好、管好普通劳动者之间，存在着很大的差异，这是未来组织结构调整的关键。

　　如果在组织设计上，我们依旧按照学习—模仿—赶超的模式，我们前进的道路只能越走越窄、越走越偏，因为西方的组织理论和实践永远也不能与中国特有的政治文化环境相适应。在这样的情况下，我们应该从中国的实际情况出发，选择适合我们自身政治文化背景的组织模式，也就是我们所提出的"认同型组织"。认同型组织既考虑了个体不同的能力和价值取向，也考虑了和社会接轨的政治文化环境，不但利于组织自身的发展，而且对于建立个体和社会的连接具有现实意义。

2. 组织认同的理论史

正如同很多事物的发展规律一样，理论的完善总是要在实践之后，认同型组织也是如此。虽然人类社会一开始就按照一定的纽带相联系，形成各种形形色色的组织，但是真正把组织形态作为一种理论来研究，并且用于指导实践，只有一个多世纪的时间。

无论是《理想国》还是《君主论》，早期的人类组织理论都是偏向于宏观的社会组织。最早的组织理论脱胎于管理理论，因为学者们感觉到组织结构对组织运行的重要性，所以将组织理论逐步的独立出来。在传统的组织理论中，侧重分析组织的结构和制度建设，主要研究组织的目标、分工、流程、协调、关系、效率、责任和授权、幅度和层次、集权和分权等内容。

现代组织理论之父马克斯·韦伯认为：权力是组织的基础，没有权力的保障，任何组织都不能完成自身的目标。据他分析，人类社会存在三种权力类型：传统权力（Traditional Authority），依靠传统惯例或世袭得来；超凡权力（Charisma Authority），来源于别人的崇拜与追随；法定权力（Legal Authority），理性——法律规定的权力。

韦伯认为，传统权力的拥有者自身也被传统所制约，因此人们对传统权力的服从并不是单纯对某个人的臣服，而是对传统秩序的臣服。这种传统秩序更像是一种文化传承，存在于社会结构和礼仪中。领导人的主要价值只在于维护传统，因而效率较低。

超凡权力则依靠人们对于领袖人物的崇拜，领导者必须保持完美的形象，并且不断创造组织奇迹，以此来维持人们的追随。据此韦伯得出结论，超凡权力长期看来也是难以为继，只有法定权力才能作为组织体系的基础。利用法定权力，组织制度的连续性使组织有秩序地运行，同时也限制了领导者对权力的滥用，为个人选择不同组织提供了明确的信号。

有意思的是，马克斯·韦伯对中西方文化做了详细的对比，他在《中国的宗教：儒教与道教》①中，提出儒教和新教②代表了两种相互关联但又完全不同的人类生活设计方式，两者都鼓励节制和自我控制。不同的是儒教的目标是通过文化来控制世界，强调发展教育、自我完善及家庭伦理，而新教则以信仰来创造一个"上帝的工具"，创造一个能够服侍上帝和造世主的人。据此韦伯认为，这种在精神上的差异便是导致资本主义在西方发展繁荣、却迟迟没有在中国出现的原因。这实际上是社会建立在整体利益之上还是个人利益之上的区别。

从这个角度而言，韦伯认为的组织权力主要对应着组织制度，这种组织制度在新教的指导下，形成一个为信仰服务的组织结构和流程，以满足组织的需要。而儒教则倾向于组织制度直接服务于组织价值，而忽略对组织结构的具体设计。这种思想在当时应该有一定意义，但是中国几十年的改革开放说明，组织实践也是需要和环境相适应的。

韦伯认为官僚组织具有以下特征：

（1）组织中的人员应有固定和正式的职责并依法行使职权。组织是根据

---

① 马克斯·韦伯专注于探索中国社会里那些和西欧不同的地方——尤其是与清教徒的对照，并且提出了一个问题："为什么资本主义没有在中国发展呢？"他也专注于早期的中国历史，尤其是诸子百家和战国，在这个时期主要的中国思想学派（儒教与道教）开始突显而出。他创作了关于宗教社会学的著作：《中国的宗教：儒教与道教》。

② 新教（更正教，德语：Protestantismus，英语：Protestantism，法语：Protestantisme），是16世纪宗教改革运动以后，相对于天主教会、东正教会等旧有势力的基督教概念，包括直接改革自罗马教廷的路德宗、加尔文宗、安立甘宗三大教会。

合法程序制定的，应有其明确目标，并靠着这一套完整的法规制度组织与规范成员的行为，以期有效地追求与达到组织的目标。

（2）组织结构是一层层的控制体系。在组织内，按照地位的高低规定成员间命令与服从的关系。

（3）人与工作的关系。成员间的关系只有对事的关系而无对人的关系。

（4）成员的选用与保障。每一职位根据其资格限制，按自由契约原则，经公开考试合格予以使用，务求人尽其才。

（5）专业分工与技术训练。对成员进行合理分工并明确每人的工作范围及权责，然后通过技术培训来提高工作效率。

（6）成员的工资及升迁。按职位支付薪金，并建立奖惩与升迁制度，使成员安心工作，培养其事业心。

我们从韦伯所设计的组织体系来看，重点强调组织制度对组织运行的规范作用，并不在意组织价值和个人意愿是否匹配，更多从经济的角度调节组织和个人的关系。这一方面说明在当时的社会环境下，组织效率和公平被放到一个更加重要的地位，也说明当时的劳动方式主要还是以体力和技术为主，而非需要发挥人的创造性。

在20世纪60年代，西方开始注重人和人之间的关系，并把组织目标作为组织的引领要素提出来，在此基础上提出了现代组织理论。现代组织理论认为：

（1）领导人的首要作用在于塑造和管理好组织中有共同价值观的人，强调不拘一格的个人创造精神，强调组织的战略。

（2）组织中人们需要生活的有意义，人们需要对自己有一定节制，人们在相当程度上因为行动和行为塑造了态度和信念。

（3）现代组织理论不是把表面结构作为分析对象，而是把组织中人的行为作为分析对象。

（4）现代组织理论不是把操作作为主要认识对象，而是把组织中人的行为作为分析对象。

（5）领导不应当建立在权力的基础上，应该建立在组织目标的基础上。

（6）注重信息沟通，建立组织中良好的合作协同渠道。

在现代组织体系研究中，出现了大量相互关联但却各有侧重的理论，如开放系统理论、制度理论、交易成本理论、组织生态理论等。尤其是切斯特·巴纳德[①]，作为社会系统学派的创始人，在组织管理问题上有很大贡献和影响，对后续的研究做了很多开创性的工作。巴纳德把社会学概念应用于分析经理人员的职能和工作过程，并把研究重点放在组织结构的逻辑分析上，提出了一套协作和组织的理论体系。他从最简单的人类协作入手，分析揭示了组织的本质及其最一般的规律，认为所有的组织都包含三个要素：合作的意愿、共同的目标和沟通。巴纳德将组织定义为"把两个以上的人的各种活动和力量有意识地加以协调的体系"。这个定义把组织的制度看作一个有目的的协调机制，在某种程度上，巴纳德理论已经有认同的思想内涵。

巴纳德认为组织在共同的目标下，必须要建立一个信息交流系统，将组织中的各个部分和要素联结为一个整体，让组织的成员都接受目标，使组织活动的进展维持正常顺序。

巴纳德还提出，组织中的领导者第一要有体力，这也就是个人认同中的身体要求，特别是体力带来的精神方面的活力和坚持力。领导者有了高度的活力和坚持力，才能承担繁重的领导工作，形成自身独特的知识和经验。第

[①] 切斯特·巴纳德（Chester I. Barnard, 1886—1961），系统组织理论创始人，现代管理理论之父。切斯特·巴纳德是西方现代管理理论中社会系统学派的创始人。他在人群组织这一复杂问题上有重要的贡献和影响。

二需要具有决断力，这又相当于个人认同中大脑的思维能力。做决策是领导者的主要职能，做决策必须看准时机，当机立断，而且要确保决策无误。第三，要具有处理人际关系的能力，这应该就是认同中感受别人意愿的能力。领导者的主要职能之一是同人打交道，就需要了解并理解对方的思想、心理和需求，这样才能做好沟通工作，招贤纳才的同时提升其积极性。

新中国建立之后，中国的组织理论主要建立在马克思主义体系之上，通过中国自身的发展实践逐步形成，并在不同的发展阶段逐步完善。改革开放之后，在相当长的一段时间里，中国全面引进西方的管理思想和管理理念。

由于我国社会主义政治制度的客观现实，以及传统文化对组织实践的影响，中国的组织类型呈现更加多样化的发展。当前在中国的各类企业组织里，根据所有制形式不同，可以划分为国有企业、民营企业和跨国企业（外资企业）等多种形式。这些组织形式虽然在同样的市场环境里，但是由于自身价值理念不同，采取的组织形式也不同。

国有企业由于承担着国家政治和经济双重职能，因此很难完全按照市场规律来管理，而是强调自身的政治属性。无论是人员的聘用和管理，还是税收和利润的分配，都是参照国家职能机构来管理。这种组织方式一方面为社会管理提供了有效支撑，为政治运行提供了经济保障，但另一方面也束缚了企业发展的自由度，企业的创新能力和风险承担能力相对降低。

民营企业无疑是当前中国经济中最具有活力的一种企业组织，它们的结构形态灵活、多样，但一直撑控社会制度的底线。这种机制上的灵活性为民营企业抓住市场机会创造了条件，也为自身轻装发展提供了便利，但因为组织制度的不完善，因此缺乏组织价值和社会责任的融合。

与国有企业和民营企业相比，跨国企业由于受外部大环境影响，是目前较为标准化、制度化的企业组织。它们有着完善的组织制度，合理的结构和流程，明确的组织价值，比较兼顾个人、组织和社会的共同发展。遗憾的是，由于社会认同和个人认同发育的不完善，跨国企业又必须在资本主义价值观和社会主义制度之间进行平衡，导致认同的建立极为缓慢。

作为企业组织，应该严格按照市场的要求来建立自己的结构和流程，但是现实中却很难真正做到这一点，三种不同企业组织之间的合作也就产生了天然的障碍。在社会认同建立之前，企业很难独善其身，这是目前中国组织发展的一个现实问题。

建设认同型组织的巨大障碍，就是组织不能明确承担自身所肩负的价值责任，很多组织仅仅是一个攫取自身利益的平台。在这样的组织里，组织价值被异化为利益最大化，所有的结构和流程都是为攫取利益服务，所有的制度都是围绕着保持自己的竞争优势。这种价值迷失的组织有些是因为社会职能混乱造成的，也有一些是历史问题遗留的，还有一些是由特殊的垄断地位形成的，无论是哪一种原因造成的，只要存在价值的迷失，就必然难以形成组织认同。

第四章 解析认同型组织

第三节 组织认同的本质与核心

个人　　　组织　　　社会

"道之所言者一也，而用之者异。"①虽然人类历史上不断出现认同的思想，但是认同作为一种社会规则，是和人类发展阶段有关的。社会实现认同带来的是和谐和稳定，组织实现认同带来的是效率和竞争力，个人实现认同带来的是能力和幸福，人和社会的发展都是这三方面统一的结果。

认同型组织的本质在于，组织中的所有成员按照认同的理念组成团队，根据各自的思维能力确定相应的岗位，遵循同样的组织制度。组织中的所有成员根据自身肩负的职责，对问题做出及时反应，形成组织内部的信息速递来源，将损失最小化。

在农业社会，组织的主要作用在于农业生产，还有小部分的手工业者作为补充，以满足人们的生活需要。在这个阶段，土地作为主要的生产资料占据着统治地位，分工相对简单，技术对农业生产的影响远远低于天气和地理环境的影响，因此人的价值主要体现在劳动强度上。在这种情况下，组织倾向于建立更加简单的结构方式、更加苛刻的制度管理，通过集权形成权力—服从的组织运行模式。

工业革命之后，人类的生活和组织方式发生了巨大变化，认同作为一种思想形式逐步显现出其现实价值。社会作为一个整体，需要不同的组织发挥不同的作用，共同维护政治稳定和经济繁荣。

工业革命后生产和组织过程变得越来越复杂，缺乏分工合作的组织由于效率低下，逐步被淘汰，具有组织优势的企业成为市场竞争的胜利者。

分工合作使得组织成员既要在能力和层次上有所不同，又要在个人意愿和组织价值上保持相同，这就使得组织结构和流程成为组织竞争力的体现。组织理论的发展也就是这种现实要求的体现，而实践过程也在不断地丰富着组织理论，认同型组织就是这一发展的最新体现。

---

① 转引自《管子》第六十四篇《形势解》。

科技和思想发展需要相互协调，无论是中国的儒家思想还是西方的宗教信仰，都曾经推动过社会的发展，但也都曾阻碍过科学发展。而认同思想是建立在社会整体发展的基础上的，随着人类科技发展而逐步发展，不会成为科技发展的阻碍。现代和组织结构不再将人和土地捆绑在一起，传统的等级制度逐步转化为给个人以自由的组织认同模式。

从根本而言，人类生活水平的提高都有赖于劳动质量和效率的提升。在亚当·斯密[①]看来，劳动分工带来的生产率的提高，是国家富强的根本途径，也是劳动效率提升最直接的办法。通过重复劳动带来的熟练技能、减少工作场所转换和劳动工具的改进，劳动者的价值得到了充分的挖掘，劳动效率得到了很大的提高。

从认同的角度来看，早期的劳动分工虽然是农业社会到工业社会生产方式的提升，但没有从根本上改变管理者对劳动者身体的束缚，只是带来了新的阶级分化。生产效率提升带来的价值，大多数被组织和社会所攫取，成就了资本的撑控者。这就带来了生产者的不满和反抗。即使后来泰勒[②]等人通过计件工资和工作小组等形式，将分工和流水作业带来的效率提升，将部分利益部分让渡给工人，提升劳动者的工作热情，但也没有脱离被控制和利用这样一个基本事实。

如上文所说，组织理论之父马克斯·韦伯提出的层级管理体系，将工作目标、工作岗位及工作职权联系起来，使劳动成为一项符合逻辑的自觉行为，为解放人的身体提供了一个新的思路。而在巴纳德的进一步推进下，认同型组织中制度、结构和价值相互协调的三个元素初步显现出来，在这

[①] 亚当·斯密（1723—1790），经济学的主要创立者。在他的巨著《国富论》开篇说明：各种生产力的最大改善，起因于分工。

[②] 弗雷德里克·温斯洛·泰勒（Frederick Winslow Taylor，1856—1915），美国著名管理学家，经济学家，被后世称为"科学管理之父"，其代表作为《科学管理原理》。

样的体系下，领导者不再紧紧依靠强权压迫工人工作，而是发挥工人的自主性。

无论经济结构中如何体现多劳多得，劳动生产和利益分配也总是难以完全平衡的，需要社会认同的共同参与。组织能力的提升才会使劳动者摆脱劳动层面，只是对于身体和思维的使用进行改进。政治的分配作用和文化的引领作用开始从宏观层面影响组织建设，组织价值的力量开始被挖掘，并通过组织结构和制度具体化。

人们逐渐发现，提升效率仅仅关注于身体层面是不够的。从美国科学院的霍桑实验[①]开始，组织者开始从思维和心灵的层面去关注劳动者，希望人们能够主动工作，管理不但开始成为一门单独的学问，也成为组织中一项单独的工作。在这样的思路指引下，个人认同中的行动、思维和意愿三要素也开始被重视，虽然认同个人、认同型组织和认同型社会没有被明确提出，但是初步的逻辑关系已经开始显现。

法约尔[②]在《工业管理和一般管理》中，把组织的管理职能单独分列出来，使得计划、组织、领导、控制等脑力活动也成为劳动的一部分，使劳动效率提升向正确的方向前进了一大步。脑力劳动从一般劳动中分离出来，大大提高了人类的创新速度和能力，带来了人类科技的快速发展。

科技发展和组织能力提升，带来了人类生产效率的大幅提升，也为第三产业的发展创造了物质条件，人们希望得到更多的非物质需求和服务。然而

---

① 霍桑试验是 1924 年美国国家科学院的全国科学委员会在西方电气公司所属的霍桑工厂进行的一项实验。目的是为了弄清照明的质量对生产效率的影响，但未取得实质性进展。1927 年梅奥和哈佛大学的同事应邀参加霍桑实验和研究。这一系列在美国芝加哥西部电器公司所属的霍桑工厂进行的心理学研究是由哈佛大学的心理学教授梅奥主持。

② 亨利·法约尔（Henri Fayol，1841—1925），古典管理理论的主要代表人之一，亦为管理过程学派的创始人。主要著作是 1916 年著作的《工业管理与一般管理》。

和物质生产不同，第三产业的服务质量很大程度上取决于从业者的意愿，而对于意愿的管理和激发，需要从思想上着手。

从以上的发展历程我们可以看到，人类的组织方式是一个从禁锢到开放的过程，从解放身体到解放大脑，最后必须要到心灵的解放，这样才会提供具有竞争力的产品和服务。要想达到三者的解放，必须要实现个人、组织和社会整体的认同。

组织就是一部分人的集合，是一个人到全体人的中间状态。认同型组织的核心和本质就是把组织作为个人和社会的连接部分，从微观看，组织就是有共同意愿的人所形成的集体；从宏观看，组织就是社会运行的有机组成部分。

在认同型组织中，是每一个个体自我的解放和塑造，是团队整体能力的凝聚和提升，是人力资源的开发和释放。没有个人认同，组织认同就失去了形成的基础，所以组织认同需要个人解放的配合。

在认同的指引下，无论是组建一个家庭，还是治理一个国家，都会获得他人的认可和拥戴，实现自身的目标。在专制和层级思想下，中国传统的人才选拔并不太重视领导力的高低，权力授予只是一种奖赏。除了特殊时期能者上、庸者下，选贤任能并没有真正的落到实处，而是讲究身份地位、论资排辈，权力只是等级制度认同的结果。这种选拔出来的领导者并不能理解所统领的对象，无法获得组织和社会的支持，影响了组织的认同建设。

认同型组织中的领导者处于非常重要的位置，是组织能力和组织权力的协调者。实现认同的领导者不但可以为组织制定价值方向，更重要的是他能够将价值转变为具体的战略计划和实际行动。这种将价值转化的能力，必然要依靠组织成员的认同来实现，否则在行动过程中就无法步调一致、上下一心。同时，这种认同不能依靠个人的道德品质，而是要依靠基础的制度安排，领导者仅仅是一个价值和制度的平衡者，而组织结构就是平衡的具体手段。

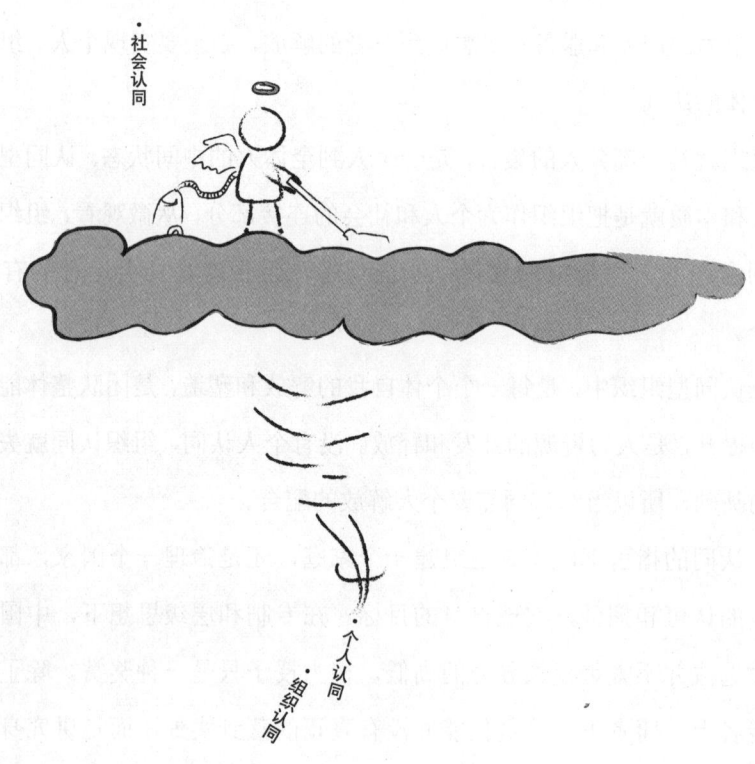

图 24

第四章 解析认同型组织

第四节 认同型组织在中国的发展方向

不同组织
平等对话交流

外企　　政府　国企　非政府组织　民企

认同型组织需要个人认同的支持,缺少认同型个人,认同型组织就如同无源之水。我们知道,在现阶段的中国,个人认同的建设任重而道远,很多问题都需要从每一个体开始转变。

在一些大型城市,由于房价上涨导致生活成本上涨,使得大量年轻人背负了沉重的经济压力;社会阶层的固化和财富差距的拉大,也在削减着他们对未来的信心。传统的人事部门正在被更加灵活的人力资源部门所取代,也就意味着人们职业的稳定性也在降低,在各项社会保障尚不完善的今天,增加了生活质量的不确定性,形成了认同的障碍。

从社会认同建设来说,改革开放以来,保存量、改增量的措施已经到了尽头,数量化的增长模式已经难以为继。为了维护社会的稳定和国家机器的运行,客观上存在着不同组织不同权力的现象,甚至在以市场为决定作用的领域,也存在政策、金融、土地等资源的不均衡分配。这些不均衡的资源分配,形成了认同型组织建立的障碍。

从宏观上说,认同型社会的建设要做到各个组织之间的地位平等,把不同组织定位为不同的社会功能,而不是分高低贵贱。各个组织要把其他组织视为社会整体的一部分,促进共同发展。任何组织都需要在社会政治、经济和文化的背景下运行,不能逾越法律和规则,凌驾于其他组织之上。

从组织的内部治理上,认同型组织要摒弃传统组织的层级制度,建立和外部环境相适应的结构和流程,使每一个组织成员都能得到尊重和平等的对待。根据个人能力匹配组织权力,根据组织权力匹配组织责任,根据组织价值完善组织制度。

认同型组织可能颠覆我们了对组织概念的认识,更像一个生态系统,组织成员为了共同的价值，共同接受外部信息，共同确定发展目标，共同分享成功果实。

从科学管理的角度而言，认同型组织的制度建设建立在成员的行动集合之上，更容易得到全体成员的支持和履行，降低了执行成本，提高了组织的运行效率。而不同的思维方式和具体岗位的结合，发挥了人的主动性和创造性，有利于组织适应环境的变化。

从行为科学的角度看，人们在认同型组织中更容易表达自身的意愿，能够将自身的意愿和组织价值相匹配，也就激发了组织成员的主体意识。这种主体意识会避免由于制度僵化或不够完善带来的运行风险，降低跨界合作中的利益冲突，形成有效的合作模式。

从科学决策的角度看，首先，组织领导者在决策过程中，始终会坚持组织价值的方向，不会偏离组织目标。其次，由于能力和权力相匹配，各个岗位的信息观察和反馈能够及时在组织内部流动，减少了信息传递的失误或缺失带来的决策风险。最后，任何决策的结果都取决于执行，认同型组织的执行能力为决策的科学性做了最终的保障。

从系统科学角度看，认同将组织看作一个有机的整体，每个人都是组织的一部分，也是结构和流程的一部分，既避免传统组织中的人浮于事，也避免了过分追求效率带来的运行隐患。在微观上基于个人的认同层次，在宏观上基于社会的认同程度，实现了个人、组织和社会三者之间的平衡。

从组织文化角度看，认同首先是一种基于人性的理论，只有自我诉求得到满足之后，才能达到组织和社会利益的要求，这就使得整个组织具有良好的运行基础。强调组织价值和社会文化以及个人意愿的结合，也为组织成员的自我塑造和社会定位创造了条件，实现心理上的和谐统一。

・行动
・意愿
・思维

・认同理论首要的作用就是全面的修炼自己,使自己的行动、思维和意愿能够得到统一，产生预期的效果。

图 25

第五章 解析认同型社会

第一节 认同型社会的内涵与特征

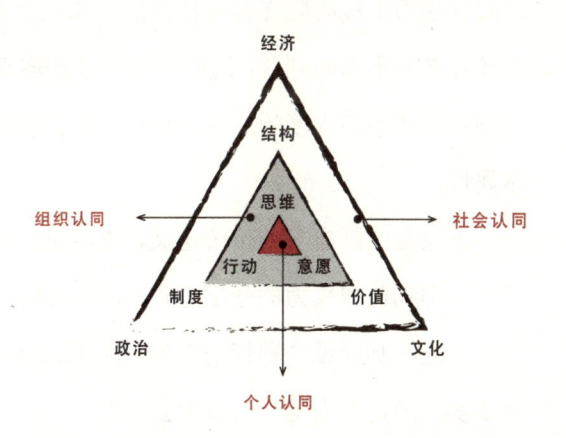

经济

结构

组织认同 ← 思维 → 社会认同

行动　意愿

制度　　价值

政治　　　　　文化

↓

个人认同

1. 认同型社会的内涵

社会总体是由政治、经济和文化组成的，每一部分在社会运行中承担着不同的职责，三者的相互平衡构成了社会认同，在此基础上形成了认同型社会。社会认同是认同的最高形式，是整体意识的最终体现，也是全体人真善美的直接展现。从一个社会的认同程度，虽然不能具体判断出个人是否实现认同，但是我们可以看出实现认同的比例。一个社会认同度高的社会，自然个人自我认同的比例就高，一个社会认同度比较低的社会，只能是个别人实现认同。

政治是一定范围内全体人所遵循的共同准则，"政"是领导，"治"是管理。中国现代政治概念来源于日本，孙中山认为"政就是众人之事，治就是管理，管理众人之事，就是政治。"西方人认为政治是人们在公共事务中表达个人利益的一种活动，通过制定和执行政策的过程，对社会利益和价值的权威性分配。

马克思主义认为政治是以经济为基础的上层建筑，是经济的集中表现，以政治权力为核心展开各种社会活动和社会关系的总和。由于社会各种权力主体存在着不同的利益，这些主体为了获取和维护自身利益，必然发生各种不同性质和不同程度的冲突，从而决定了政治是为某种利益而进行斗争的基本属性。

无论是中国自身的传统定义，还是西方的各种学说，政治多被认定为是对于人类利益和权力的分配方式。这种分配方式是否合理，取决于不同组织和个人之间制度设计和行动规范。良好的政治模式，总是有良好的制度规范来落实，满足个人感受的最大公约数。

经济是物质生产、流通和交换的活动，是在个人意愿基础上，资源价值交换的过程。货物价值是根据人的需求程度来认定的，不同人的不同意愿，形成了不同的市场行为，因此经济也承载着人的思维整合和交流过程。

中国传统中的"经济"二字指的是文能安邦兴业，武能御侮却敌。现代经济的概念还是来源于日本，当日本人掀起工业革命浪潮，大量借鉴和学习西方生产管理经验时，将"economics"一词译为"经济"。中国引入了经济这一概念，并逐步接受了西方主要的经济思想。

按照马克思主义经典学说，经济指的是人们在物质资料生产过程中结成的、与一定的社会生产力相适应的生产关系的总和。其他政治、法律、哲学、宗教、文学、艺术等上层建筑都是依赖经济这个基础建立起来的。

在认同理论中，我们把经济活动看作是组织结构和个人思维的总和。无论什么经济学派，也无论多么高深的经济理论，都是建立在市场主体间不同意愿的基础上，通过价格为基础的交换来完成，也是通过自愿的组织方式来实现生产过程的。经济的过程、理论和结果都是人思维方式的外在表现和融合，所有经济现象都是思维的集中体现。

文化是凝结在人类物质和精神财富之上，各种文学、宗教、道德、风俗等可继承文明的总和。也有人认为文化不仅存在于人类社会，更加广泛地存在于一切生命文明之中。文化对人类发展起着整合全体成员的思想、维持人类的秩序、传承思想价值理念、引导人类行为的作用。

虽然我们很难对文化有准确的定义，也不能确定文化的价值，但是文化对人类发展的重要性是无可取代的。尤其在中国，人们自古重视文化的作用，大量的学术经典和历史记录都是围绕着文化传承进行的。可以说，中国之所以能够成为一个延续几千年的大国，文化起到了至关重要的作用。

从认同的角度而言，文化是组织价值和个人意愿的统一，所有的目标愿望都是社会文化的组成部分。形形色色的个人意愿，不同取向的组织价值，最后都通过文化得到统一，然后再以宏观指引的方式，返回到每一个组织和个人身上。

认同型社会是政治、经济和文化相互协调一致后的终极组织，作为认同的最高形式，是一定区域内所有人能够和谐相处的最佳状态。每个人都是整体的一部分，没有高低贵贱之分，都是从宇宙的起点分化而成，每个人都是其他人的影像。

无论我们有着多么美好的愿望，不得不承认人类社会还是存在一定的阶层和结构。人们利用经济的不平衡来调整人们的思维，使人们愿意将自己的能力贡献出来，获得在社会和组织中的地位，争取个人最大的利益。

政治作为人类社会的调节机制，不得不扮演着仲裁者的角色，损有余而补不足，维持着社会基本的公平。这种公平既是基于人性的反应，也是基于长远的利益。

而文化则是人类发展的指引者，使我们既不能在经济的海洋里迷失本性，也不能在政治的乐园里乐而忘返。文化的指引能够使强者愿意让渡自身过多的利益，也能够使弱者通过自身的努力获得财富。

2. 认同型社会的特征

我们认为认同型社会同时符合以下三个判断：

1. 我们都属于一个整体和一个系统，每个人都是其他人在不同时间、地点的影像，我们能够在别人身上看到自己。在恰当的时间和地点，别人也能够把我们视为一体。

2. 大多数人实现了"真、善、美"的相互转化，也能够在组织层面体现出来。大多数人的"善"可以通过一定的形式反映为外在之"美"。无论我们处在哪个认同层次，只要我们通过思维的下沉，我们都能够感知社会的认同。

3. 认同型社会每个人的行动、思维和意愿可以寻求自我平衡，也就具备了一部分人到全体人相互协调的条件。因此每一个人做到自我认同，就自然可以实现组织和社会的认同。

中国传统文化中对于民众的作用和意愿是比较轻视的，法家的代表人物商鞅在变法之前对秦孝公说："夫民不可与虑始，而可与乐成。论至德者不和于俗，成大功者不谋于众。是以圣人苟可以强国，不法其故。"在一定恶劣的外部环境中，这样的思想是可以理解的，毕竟实现大多数的认同是需要时间的，但是如果长期忽视民众的意见，必然会造成领导者和民众之间的隔阂。民众关心的往往是眼前的利益，领导者需要平衡不同时期的利益，这两者不可或缺。在现实中，领导者尤其要注意适当克制自己对于长期利益的执著，把民众的短期利益也作为一个行动的支点。

人类通过认同组成社会，而在社会认同的道路上，政治权力分配又是一道绕不过去的坎。权力是一种让人又恨又爱的东西，没有权力的规范和均衡，人类社会将会陷入混乱，但是权力总是需要由少部分人来掌握，组织制度就是社会政治的落脚点，而人性的特点决定了权力行使的界限很难明确，那些越界的行为必然会对承受者带来不测。幸运的是，人类对于权力的认知已经超越了"朕即天下"的层面，而是用怀疑而审慎的心态来对待。对于一个要实现认同的社会而言，如何看待和运用权力是一个基础问题。

社会的领导者就是社会的心灵，它是全体成员心灵的总和，应该代表全体成员的意愿。中国提出了社会主义核心价值观，关于国家层面的表述是富强、民主、文明、和谐八个字。从认同的角度来看，包含了物质和安全的需要、精神和思维的自由，应该是一个最为美好的愿景结构。社会的领导者应该凝聚力量，保证愿景落到实处。

从认同的角度看，社会领导者也就是社会发展的激励者，要激励社会全体成员去实现社会发展目标。作为激励的不同层面，要从行动激励、思维激励和意愿激励三个层面同时着手。行动激励是最直接的——完善各种法律、制度，用政治手段实现公平公正的社会秩序；思维激励是发挥组织结构和流程作用，用经济手段激励民众主动进行短期利益和长期利益之间的转换，追求物质生活和精神生活之间的平衡；意愿激励是用文化环境使更多的个人认同者奉献自己，去认同组织价值，参与社会管理，用内心的收获去替代物质的享受。

在领导者运用认同进行管理的过程中，民众也会通过认同来响应。对于行动激励，民众在实践中会采取回应式认同，对领导者做出直接反应，以便于领导者进行制度的完善。对于思维激励，民众会采取利益式认同，他们会根据一段时间自身的付出和回报进行核算，作为是否继续支持的依据。而对于意愿激励，他们会投入自己的身心，对组织和社会做出奉献式认同，长时间地维护领导者的管理。

十一届三中全会前邓小平所做的总结讲话"解放思想，实事求是，团结一致向前看"体现了认同的实质，"解放思想"是指思维层面，也是认同的核心；"实事求是"是指行动层面，也是认同的基础；"团结一致向前看"是指心灵层面，也是认同的引领。结合起来就是从客观实际出发，而非从教条和理论出发，将意愿、思维和行动统一起来，构建个人、组织和社会的认同。

图26　认同型社会特征

政治权力是人类社会活动中不可忽略的基础因素，权力的分配和利用直接决定了一个社会的性质和组织形式。虽然政治权力有各种副作用，但是目前人类还必须要依靠它去组织、推动社会发展。权力是否得到了正确的使用，衡量的关键标准就是认同。古人说"水可载舟，亦可覆舟"，现代人说"一切权力来源于人民"，都是从认同的角度而言的。不管认同采取什么样的形式实现，政治权力最终由认同来决定，这就对于权力的执行者有了一定的约束。

从短期看，由于社会组织方式层级化严重，认同对权力的约束是有限的。认同是一个逐级传递的过程，一个组织的最高领导者作决策时，首先要获得领导团队的认同，其次是领导团队需要获得组织全体成员的认同，最后是整个组织又要获得社会环境的认同。譬如说：当组织的最高领导者决定为领导团队发放双倍的薪金，虽然可能不被组织成员和环境认同，但是却获得了领导团队的认同，这就会造成短期和长期认同的矛盾。虽然短期来看，最高领导者的行为不会受到限制，但是长期上会损害组织的整体认同，也会影响组织的外部认同，最终组织和环境的认同约束会调节这一行为。

怎样实现认同？于领导者而言，要变小同为大同，就是要把自己的认同转化为大多数人集体的认同，从而实现组织的整体认同。领导者要有更宽的视野，更深的思虑，更明确的方向，才能把自身认同转化成可以被民众认可的成果，才能开创新局面。

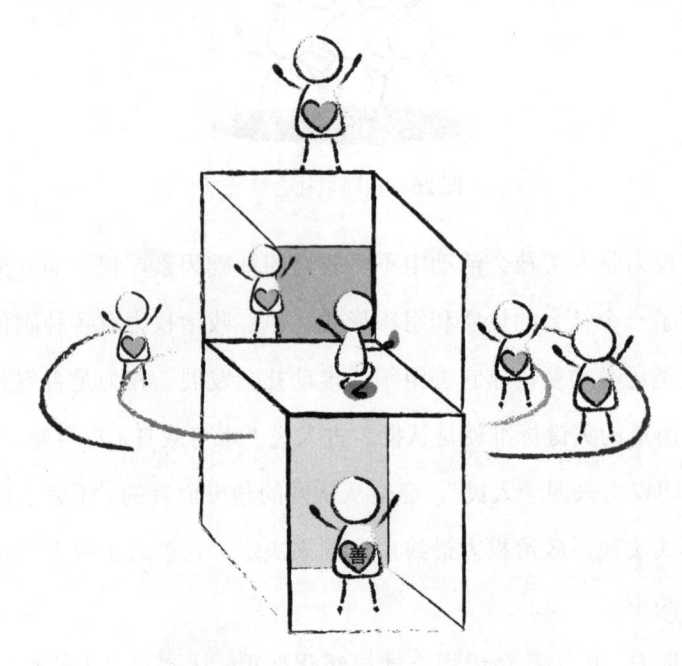

· 认同型社会的核心是要发挥全社会的力量,而不是单纯依靠政府或者市场的力量,只有全社会都肩负起认同的责任,认同才能真正实现。

图 27

第五章 解析认同型社会

第二节 认同型社会的历史梳理

一个社会如果没有建立起主动的认同，必然最后形成被动的革命认同。

1. 认同型社会的历史

人类在地球生物进化中的胜出，除了个体通过劳动的进化之外，关键因素是实现了有效的组织。认同是人类组织和社会存在的重要支撑，一个社会如果没有建立起主动的认同，最后必然形成被动的革命认同。

《礼记·礼运》大同章说："大道之行也，天下为公，选贤与能，讲信修睦，故人不独亲其亲，不独子其子，使老有所终，壮有所用，幼有所长，鳏寡孤独废疾者皆有所养；男有分，女有归，货恶其弃于地也不必藏于己，力恶其不出于身也不必为己，是故谋闭而不兴，盗窃乱贼而不作，故外户而不闭，是谓大同。"这一段话涵盖了众多治国思想，包含了政治架构、人才选拔、公民社会、养老保险、社会福利、道德建设和公共安全等方方面面。大同的思想很像是共产主义社会的构想，马列主义能够在中国扎根，很大程度上要感谢中国的先贤总结出的大同文化。几千年的浸淫下，中国的老百姓很容易就听懂了共产主义理想，因为两国的先贤想到一起了。

认同是历史形成的脉络。秦始皇统一六国，设立郡县，为中国版图和制度奠定了基础。无论秦国统治者怎么设想，渴望和平、避免战火再起就是当时社会最大的认同。春秋战国时期，各诸侯国有各自的立国之道，诸子百家各不相让，秦朝虽然实现了疆土的统一，但是在文化上还没有形成统一的思想，这在一定程度上阻碍了其他政策的落实。

儒家思想虽然有利于统治者对民众的教化，但是"克己复礼"恢复周制的思想，明显不符合秦朝郡县制的思想和利益。加上秦始皇个人的强势，具有直接推行法家中央集权压制人民的决心，不需要用儒家思想作幌子，遵法灭儒就成为一个必然的选择。虽然我们无法揣测当时的认同状况，但是可以设想，经过几百年诸侯征战，人民最厌恶的就是战争，而统一是最好的选择。

就像秦朝统一获得人们的盼望一样,那秦朝的速亡来源于人们的愿望没有得到满足。在战争时期,和平安定是第一选择,但是和平安定之后,人们又会追求更多的自由。欧洲有一句名言,"对伟大人物忘恩负义,是一个民族强大的表现"[1]。"二战"后丘吉尔、戴高乐都曾经享受这种"待遇"。

秦朝灭六国依赖的是军国主义,但马上得天下,不能马上治天下,严苛制度里的暴虐基因自然又导致了巨大的不认同。正如贾谊在《过秦论》里所说:"一夫作难而七庙隳,身死人手,为天下笑者,何也?仁义不施而攻守之势异也。"人心苦不知足,天下太平后,秦朝由于没有满足百姓对休养生息、遍施仁义的渴望,带来了普遍的不认同,从而造成攻守之势的转换,二世而亡。

经过楚汉之争后,出身于草莽之中的刘邦执掌天下,自然知道老百姓的想法,因此采取了黄老"无为而治"的思想[2]。轻徭薄赋、刑不厌轻、罚不患薄,把战争带来的灾难最大程度的减少,给人民以休养生息的机会。这一政策一直延续到后来的"文景之治",西汉的政局得到了稳定。随着经济的发展,中央政权日益巩固,而分封诸王各有所图,认同方向又开始了新的变化。统治者不再满足于"清净无为",开始想有所作为,而董仲舒"废黜百家,独尊儒术"正逢其时,得到汉武帝的认可。

凭借"天子受命于天,天下受命于天子"的皇权神授观点,儒家思想一跃成为朝廷倡导的主流学派。改造过的儒家思想将治理规则和教化作用相结合,既是社会的道德准则,又是社会的立法的根本原则,对于社会稳定起到了积极作用。儒家思想从逻辑上确立了皇帝至高无上的统治地位,从制度上

---

[1] 引自古希腊作家普鲁塔克的原话。
[2] 黄老之学始于战国盛于西汉,尊崇黄帝和老子的思想,黄老学派并兼采阴阳、儒、法、墨等诸家观点而成。黄老之学强调"道生法",主张"是非有分,以法断之,虚静谨听,以法为符"。认为君主应"无为而治","省苛事,薄赋敛,毋夺民时"。是西汉初期的主流意识形态,出现了"文景之治"。

保护各级官僚的特权，建立同罪不同罚的法律准则，由此形成了礼律融合、法有等差的思想体系。这种体系虽然存在明显的不平等，但是却使不同阶层明确了自己的定位和发展预期，既有武力的胁迫，又有科举孝廉制度的阶层流动，因此得到了官民双方的认同。接下来的两千年里，即使出现朝代更迭，但是这种体制却在不断延续。

两千年斗转星移，沧海桑田，泱泱帝国终于被坚船利炮坏了好梦。王侯将相、才子佳人的故事已经不能闭门演下去了，只能改弦更张。在官民不平等的体系下，一个国家的正规军几乎没有任何对外的战斗力，靠地方乡勇去抵御外侮，这样的国家不亡断无天理。

顾炎武自问"亡国与亡天下奚辨"？曰："易姓改号，谓之亡国。仁义充塞，而至于率兽食人，人将相食，谓之亡天下。……知保天下然后知保国。保国者，其君其臣，肉食者谋之；保天下，匹夫之贱与有责焉耳矣。"作为腐败不公之国家，老百姓失去了基本的认同，再没有责任和兴趣去保护它。

清政府也不是没有做出和世界潮流接轨的努力，工业上的洋务运动，军事上的新军组建，教育上的开办新学，政治上的变法维新，但是腐朽的战车并没能用制度革新去阻止自己的没落。由于政治、经济和文化的脱节，从亡国到亡天下，失去了认同，所有的行动漏洞百出，在解决了旧问题的同时却产生着更多的新问题。那些仅仅去解决浮在水面上冰山的做法，使得清政府这条大船碰上了更大的阻碍。清政府瓦解的根源是人们不再希望在专制下生活，但是清政府所采取的措施却是对旧有权力的维护，因此只能带来更大规模的反抗。

认同是一种比较出来的产物，中国有"兄弟阋于墙，外御其侮"的古语。清政府虽然倒台，但是中华民族还是有凝聚力的，决不愿接受西方列强率兽食人。在"亡天下"的威胁下，哪怕是最鄙贱的人也难坐视，睡狮终于被惊醒了。民族认同取代了阶层斗争，近代中国的觉醒，就是更高认同层次发挥的作用。

蒋介石的国民政府为结束封建专制，形成现代政治制度起到了过渡作用。在旧制度的巨大惯性下，中国社会没有像仁人志士们所设想的那样，迅速改头换面、脱胎换骨，只是在不同的层面上进行妥协。原来的改革派在时代的进步下慢慢变成了保守派，而新的改革派成长起来。旧的认同在慢慢消失，新的认同正在悄然形成。

日本人显然不愿意错失中国军阀混战的良机，向这个没落的千年帝国发起最后的冲击，希望将中国纳入囊中。没想到就像武侠小说里的巧合一样，日本当头一棒，正好打通了中国堵塞已久的"任督二脉"。中国人的认同感，在民族危亡的时刻成了国家民族的"护体神功"，这是趁火打劫的日本人所没有想到的。

在解放战争初期，没有人认为共产党会在三年内结束战斗，实际的实力也不支持这样的结果，但是最终让人大跌眼镜。原因何在？共产党有一个实事求是的法宝，敢于承认自己的不足，敢于放弃上百座城市。而作为"二战"领袖的蒋介石却输不起，明知道攻城拔寨式的战法不可持续，但是为了虚名不得不拉长自己的战线，最终用力过猛、体力不支。这个过程里面，军费的压力使得老百姓苦不堪言，逐步民心涣散，将一副好牌打烂了。

2. 新中国的认同建设

1949年新中国的成立使得中国人的认同感达到了一个新的峰值，使古老的中国焕发了青春，并以独立自信的姿态屹立于世界民族之林。几千年统一的基因使得中国人有一种天然的向心力，这种向心力在和平时期并不显著，而在外来压力下会愈压愈强。从新中国成立到改革开放前，国际环境的险恶和自身力量的不足相交织，导致各阶层的认同链出现了脱节。尤其是在"文革"期间，个人崇拜和强人政治使得执政队伍的认同体系遭到了破坏，领导者的偏好取代了政治认同，使整个国家陷入了混乱。

图28　新中国的认同建设

幸好借助共产党一贯的自我纠错的力量，执政者通过顺应民心的改革开放，又重新建立了中国的认同体系，并将国家的发展带回到正确的轨道。在发展才是硬道理的指引下，这一次的认同持续了30年，中国经济在全民认同的支持苦干下，从无足轻重到世界工厂，也使中国的国际影响力大大提升。

人类是在依靠认同不断的发展，而认同的内容也在发生着变化，这些变化有和具体环境相关联的，譬如说天下大势，分久必合，合久必分；也有是趋势性的，由集权专制到个人自由。大多数时候我们最终的认同，都是由这两种不同的影响混合而成的。有的时候环境的因素占主要地位，有的时候趋势性的规律占主要地位，这也是人类社会螺旋式上升的原因。经济发展到一定阶段，如何保持民众的认同，是领导者长期的课题，也是中国能否持续发展的关键。

2013年1月5日，习近平在新进中央委员会的委员、候补委员学习贯彻党的十八大精神研讨班上,论述改革开放前后两个历史时期的关系时,明确提出:"不能用改革开放后的历史时期否定改革开放前的历史时期,也不能用改革开放前的历史时期否定改革开放后的历史时期。"从认同的角度而言,应该说这是一个非常理性的结论。历史是无法割裂和假设的,我们可以去总结历史的成败功过,但是我们不能去假设和颠覆历史。所有的历史,都是在当时的环境下,所有力量共同作用的结果,这就是认同的力量。

回顾80年代初,中国由于"文化大革命"对经济建设的破坏,作为社会认同核心的经济大大落后于当时的西方世界,社会主义政治上的优越性无法体现,社会认同受到极大的影响。将经济发展作为社会的中心任务,无疑是补齐短板、实现认同的正确选择,这时候改革开放就成为社会的认同。"时间就是生命,效率就是金钱""要一部分人先富起来",这些口号代表了人们对于经济发展的渴望。这些口号提出的时候,大家都是怀有梦想的,就像站在起跑线上的运动员,都在憧憬着自己夺取冠军。

然而现实是残酷的,当经济发展到一定阶段,财富分配格局发生巨大变化,真正实现了一部分人先富起来之后,人们的认同又发生了改变。对没有富起来的人而言,都不承认自己是天生的失败者,他们疑虑为什么先富起来的不是自己,甚至认为所有先富起来的人都是不择手段的。从成功者的角度看,他们认为财富是他们自身努力的结果,没有什么争议。成功者有自己成功的秘诀,而失败者永远有自己不服的理由,单兵突进的经济发展带来原有认同体系的瓦解。

中国发展到现在需要什么样的认同?这需要全体国民的智慧和理想去形成,但是必须根据认同理论作出改进,也就是要实现政治、经济和文化的协调发展。单兵突进式的改革,是一定环境下不得已的选择,认同式协调发展才是长治久安之道。当年赵武灵王推行胡服骑射时候说:"今无骑射之备,则何以守之哉？故寡人变服骑射，欲以备四境之难，报中山之愿。"在改革的进程中，中国的很多政策原本都是权宜之计，是一场仓促旅途中摸索出来的暂时的认同。当经济的短板超越政治和文化、不能和社会整体发展相匹配时，认同就成为功利主义者攫取财富和权力的凭据。如果说当年中国实施市场经济是一个胡服骑射的权宜之计，那么现在就到了要明确其地位的时候了。

如果中国要建立认同型社会，那么要从根本上理清政治、经济和文化协调发展的关系，并能够将社会认同传导到组织认同和个人认同。结合社会主义政治制度、市场经济方法和中国传统文化，未来中国要在提升全民保障的基础上，引导社会从结果公平的制度安排，转向过程公平的制度安排，使每一个获胜的人胜得磊落，失败的人败得心甘。如果做不到市场竞争的过程公平，又做不到政治分配的结果公平，必然会导致文化的混乱，影响到社会认同的形成。

社会认同关键在于"同"，只有打破附加在人或组织身上的不同，实现每个人或组织机会和选择的均等，才能实现公平公正的竞争，才能获得真正的认同。《资治通鉴》讲："国者，天下之利势也。得道以持之，则大安也，大荣也，积美之源也。不得道以持之，则大危也，大累也，有之不如无之。"这个"道"是什么？就是实现每一个人机会和身份的均等。这种基于人身均等的认同形成，需要国家和组织的制度安排，也需要个人、组织和社会认同的统一。

在组织建立之后，人类社会的运行基础是由制度来规范的，在一定的制度下，不同的人获得了不同的发展机会和力量。为了发展机会少的人也能建立起对制度的认同，就必须使结构运行更加透明，接受民众的监督。

第五章 解析认同型社会

第三节 认同型社会的本质与核心

1. 认同型社会的本质

认同型社会是基于认同理念建立起来的社会形式，是政治、经济和文化的协调发展。社会中的各个组织和个人通过相同的政治制度，平等地享受社会秩序的保障。经济上根据不同的分工和定位，找到符合自身价值的工作。文化上可以依据自身的意愿，选择适合自己的价值依托，融入社会的精神家园。我们判断一个社会是否实现认同，关键在于其是否促进并实现了组织和个人的认同。

政治、经济和文化的协调不是一个固定的状态，而是处在不断的发展变化中。中国已经从一个大国成为一个强国，连最恶毒的对手也不得不承认中国近 30 年取得的成绩。墙内开花墙外香，虽然中国在国际上获得了不少的赞誉，但是中国人自身反倒不断反思面临的问题。现在普遍存在的问题是，随着经济的发展，社会认同程度反倒是在不断降低。经济快速增长伴生的贫富差距，使得很多人都不满意自己的现状，希望从发展中得到更多。30 年前以先富带后富的设想似乎没有显现，而是出现了财富的"马太效应"，贫富分化开始加速。这些问题的出现，在拷问着我们的社会管理者，到底发生了什么问题？出路何在？

为了减少改革阻力，在改革初期的思路是留存量、改增量，先农村、后城市，自下而上的试错式改革，因此在相同的地区和领域出现了大量不同的管理制度和方式。这些方式在早期起到了激励作用，但是也放大了原有城乡二元制遗留下来的缺陷。尤其是和普通民众关系密切的教育、医疗、就业等领域，由于制度的约束，使得不同区域和阶层的人实际面临着不同的对待。这些人为的制度分割，割裂了民众之间的认同，甚至恶化了个人和社会之间的认同。

如果一定要寻找一个影响认同建设的线索，我们可以从《中华人民共和国户口登记条例》说起。作为一项社会管理的基础制度，1958年1月，中国政府开始对人口自由流动实行严格限制和政府管制。第一次明确将城乡居民区分为"农业户口"和"非农业户口"两种不同户籍，在事实上终止了关于迁徙自由的规定。户籍制度是新中国特殊环境下的产物，也是社会制度的一种临时性措施。不管这种制度在中国历史上曾经起过多么积极的作用，也应该随着时代发展逐步改变

封建社会中，户籍制度的差别是区分人们身份、地位、权利和义务的重要依据，把人的权利依附于外在的身份。从战国开始，国民被划分为"士、农、工、商"四个类别。"士"是四民之首，历代的官吏主要是从这个阶层选拔出来的；"农"是从事耕作的，当时被视为本业，其地位仅次于"士"；"工""商"则被看为末业，地位又更低一些。"士"虽然不能像勋戚贵族和现任官吏一样享有种种政治特权，但也能享受减免赋役的优待。历朝历代的高阶层实际上都享受了某种法定和法外的特权，这些特权形成了实际上的不平等。

《红楼梦》中，馒头庵里的僧众念了三天《血盆经》，挣了十两银子，而老尼请王熙凤帮忙说句话，三千两白银还是面子价。如此的规则之下，神灵情何以堪？老尼如何能四大皆空？于是老尼兼职拉皮条，小尼姑随随便便就和一个帮闲的落魄公子苟合。馒头庵一幕充分表明，封建制度下权力才是社会的硬通货，圣洁的神灵，纯真的少年，都同时沦陷在权力的阴影中，这就是不同身份下造就的现实。

同很多制度一样，一旦开始实施，要想废除是非常困难的，我国的许多现行制度都是依托户籍制度而产生的。譬如说教育领域，高考考试和录取中地域之间不平等的问题；譬如说医疗领域，不同户籍采取的不同医疗报销制

度的问题；又譬如说就业领域，不同的户籍指标落户的问题。这些问题的存在都是在制造社会割裂，制造民众之间的不认同，需要尽快解决。

现在的难题是，因为户籍制度的存在，已经从根本上制造出了不平等的基础，就像盖房子的地基一样，户籍制度导致地基就是倾斜的，所以上面的其他制度只能也去倾斜才能立住脚，否则就有倾塌之虞。

虽然户籍制度依然存在，但是已经在很大程度上被突破，人口的自由流动导致大量人口处于"人户分离"状态，身份证上的地址基本上成了一个摆设。这样的状况既不利于民众享受公共服务，也不利于政府对公民的统计和管理。在自动登记制度下，一个人出生在某地，就自动登记为该地户籍，而其离开原有户籍登记地，居住一定时间，就应当获得当地的户籍。比较其他的限制和等级划分，户籍歧视是最为基础的制度设计，必须要予以根除。中国互联网上存在大量区域攻击言论，对于国家和社会团结非常不利，而户籍制度为这些言论起到了推波助澜的作用。

我们知道，要想实现社会认同，必须依托组织和个人的认同来落实，这就要消除人和人之间基本的不同。举户籍制度的例子，是因为这个制度造成了人和人之间明显的不同。这种不同并非是因为个人的选择或者努力程度不同造成的，而是制度安排导致的。

图29 认同建设的障碍

2. 认同型社会的障碍

和户籍制度一样，社会还存在大量隐形的不同，同样在阻碍着认同的形成。譬如说同一单位的用工性质问题，举一个高校的例子：高校里教师的岗位划分为教学研究岗、研究岗、教学岗和管理岗，还分长聘和短聘，这些可以解释为岗位不同形成的组织结构差异，为了实现组织价值而做的必要设计。但在事业编制身份上，问题就比较严重了，行政人员被分为事业编制、合同制、劳务派遣制以及临时聘用制等。可以想象，在同样的岗位上，有着这样不同类型的劳动关系，会是一个怎样的景象。资深的事业编制人员可以享受分房的待遇，资历浅的事业编制人员可以享受子女入学的待遇；资历深的合同制人员虽然不能享受上述待遇，但是有可能享受无固定期限合同待遇，而资历浅的合同制人员和劳务派遣人员可以享受薪酬和福利的待遇；临时聘用人员就连基本的福利也没有了。

这种身份的划分并不是依能力或岗位需求做出的，而是迫于各种外在因素的组合形成的。在社会转型时期，多重身份类型作为一种临时性的过渡措施是可以的，但是如果将这样的用人方式作为一种常态，必然会引起民众的不满。《资治通鉴》有这样一段话：孟子师子思，尝问牧民之道何先。子思曰："先利之。"孟子曰："君子所以教民者，亦仁义而已矣，何必利！"子思曰："仁义固所以利之也。上不仁则下不得其所，上不义则下乐为诈也，此为不利大矣。故《易》曰：'利者，义之和也。'又曰：'利用安身，以崇德也。'此皆利之大者也。"孟子觉得应该多引导民众追求仁义，不要谈具体的利益，但是子思认为，只有落实民众的利益，才能建立起真正的仁义。当前，虽然我们强调社会公平，宣传人人平等，但是在民众心里，他们希望得到现实制度的支撑，而不是停留在口头上。

有人会说国家发展了,人人都比原来过得好了,但是就像曹操当年慨叹的那样,"人心苦不知足,既得陇,复望蜀"。虽然社会的发展总是不断地带来收获,但是也在不断地制造问题,尤其是与人们密切相关的就业、医疗和教育问题。

从人们关心的问题看,教育问题受到很多人的批评。中国人普遍重视子女教育问题,这是中国优良的传统文化,对于国家是人才储备,对于个人是阶层流动。历朝历代政府都是鼓励这样的文化传承,"忠厚传家久,诗书继世长",通过教育来形成良好的社会氛围和阶层流动秩序,以"朝为田舍郎,暮登天子堂"实现官民间的有效连接。

由于中国高校分布的地区不均衡,加上不同区域经济发展差异,导致不同地区的高等院校教育数量和质量出现了失衡。北京、上海等大城市的教育资源优质且集中,而内陆欠发达地区的教育资源相对贫乏,导致高考实际上的不公平。很多省份的录取分数过高,导致不同省份之间录取率差别巨大,许多家长为了孩子高考而进行跨省移民。大家都认识到,要尽快均衡各省份教育质量,缩小不同省份之间的录取率,保障不同户籍考生的同等权利,才能保障教育的公平。事实上,从教育部门采取的一些具体措施来看,如果没有从根本上进行调整和改变,单纯的缝缝补补只能带来更大的问题。

同时,由于职业教育和普通高校毕业生之间身份的差异,导致职业教育学生成为二等公民,很多家长不到万不得已,不考虑让孩子进入职业学校。而正是这种教育歧视,使得中国职业教育落后于很多发达国家,直接削弱了中国技术工人质量,也影响到中国制造的技术含量。随着人口红利的减弱,中国制造业的成本优势在迅速降低,如果没有劳动效率和质量的提升,中国产品的竞争力将会下降,这将直接影响到中国"世界工厂"的地位。打通职业教育和普通教育之间的身份壁垒,提升中国职业教育的质量,已经成为关系到国际竞争力的国家战略。

教育的不平等问题直接关系个人、组织和社会三者的竞争力。在全球化的市场竞争环境下，很难用结果公平的大锅饭来取代过程公平的市场竞争，只能在制度上为每个人创造公平的竞争环境。十八大确定了城乡居民收入十年翻一番的目标，这个目标不是靠涨工资就可以达到的。这取决于两个因素，一是中国经济的中高速增长趋势不能改变，以此来保障民众的收入持续增长；二是保障低收入群体的收入，缩小收入差距，这需要提高劳动要素在社会分配中的比重。

如果资产收益增长长期大于劳动收益增长的话，"马太效应"下贫富差距只能不断扩大，公平的收入翻番指标不可能实现。反过来如果仅仅着眼于提高劳动收入，而不去增加劳动效率的话，中国产品的市场竞争力就会下降，就会影响到中国经济的整体增长趋势。要解决这一问题，就要把教育放在更加重要的位置，放在关系国家发展和稳定的高度来推进。

如何延续中国的人口红利，存在教育规模的问题，也存在教育质量的问题，还存在教育理念的问题。教育问题的解决还需要大力推进成人继续教育，用人力资本的提高替代人口红利的减退。把劳动力转移和继续教育结合起来，才能将物质城镇化的进程和人的城镇化同步。建立起民众终生受教的机制——边工作边深造，通过人口素质的提升，带来劳动效率和生产质量的提升，最终实现贫富差距的缩小。

中国要追赶发达国家，提高综合国力，要鼓励科学技术的应用，更要提高劳动者的报酬，要防止知识创新对于社会财富的过分攫取。全球经济都在鼓吹知识和科技的力量，知识创新成了个人财富增长的一个重要渠道。在这个过程中，有一些创新的确带来了人类的进步，似乎应该给予创新者更多的财富激励，但是我们看到背后存在一定的异化。具体来说，科技创新带来的财富增长并没有真正被大多数的科技工作人员获得，而是通过资本市场被资本和权力所瓜分。科技创新并没有促进社会贫富差距的缩小，反而起到了推波助澜的作用，中国出一万个马云，也解决不了贫富差距扩大的现实。有人说这会影响到创业创新者的热情，但是我不认为创业者获得自己应得的巨额财富会降低他们创业的激情，关键在于财富积累的过程中，他们如何合理地分配财富，更好地享受财富。

　　再看看医疗，在医疗领域更是太多的"不同"，城乡医疗体系的分割，医院分级分类的管理，医疗报销制度的差异，公立医院和私立医院的不同待遇，使得中国的医疗体系饱受诟病。新中国建立起来的公共卫生体系逐步弱化，医疗卫生市场化、商业化、私有化的趋势，取代了公益性、公平性、人人享有基本医疗卫生服务的基本方向。看病难、看病贵成为一种常态，甚至在农村因病致贫的案例比比皆是。据报道，和医改之前相比，患者自负医疗费用并没有下降，虽然医保标准在上升，但医药费用上升更快。2007年到2013年，全国卫生总费用从1.12万亿元上升到3.2万亿元，六年增长了三倍，速度远高于居民收入上涨速度。药品制造业产值从5800亿元上升到1.83万亿元，利润从556亿元上升到1787亿元，药品流通业产值从4026亿元上升到1.12万亿元，都翻了三倍。职工、居民和新农合三种医疗保险的实际报销比例只有53.8%、44.9%、38.0%，远低于能有效分担风险的水平。医患矛盾更加尖锐突出，2014年以来，恶性伤医杀医案件层出不穷，其中大部分是患者对看病难、看病贵的怒火无处发泄造成的。（江宇国务院发展研究中心副研究员《中国新闻周刊》）

　　事实上，如果不对全民采取一致的医疗服务，民众因医疗形成的社会不认同会产生恶劣的影响。2014年12月13日，习近平总书记到"医改明星城市"江苏镇江考察时指出："没有全民健康，就没有全面小康。医疗卫生服务直接关系人民身体健康。要推动医疗卫生工作重心下移、医疗卫生资源下沉，推动城乡基本公共服务均等化，为群众提供安全有效方便价廉的公共卫生和基本医疗服务，真正解决好基层群众看病难、看病贵的问题。"

医院求大求全，划分为不同等级，使基层医院难以留住医务人员，民众也不信任基层医疗机构，形成恶性循环。温家宝在北京儿童医院考察时曾经遇到一位河北的妇女，她带孩子来北京看病。总理问她是否在当地医院看过，妇女回答说不但在当地县里医院看过，也到市里、省里医院看过，但就是不放心，这次来北京看了之后，也就放心了。这种不信任带来了多少医疗资源的浪费，也造成了社会资源的浪费！

由于私立医院的市场化导向，和对待公立私立医院不同的政策，使得私立医院为了生存不择手段，成为虚假医疗的代名词，极大地败坏了私立医院的口碑。而在以药养医的模式下，很多人利用医保漏洞，将多开的药通过黑市再回流到医疗体系内，造成社会的巨大浪费。我们的许多改革措施不是基于更除根本的弊端，而是在原有体系上的修修补补，导致旧的问题解决了，更多新的问题产生了。

就业领域也存在着很多问题，譬如说《劳动合同法》的立法宗旨是为了保护劳动者，规范用人制度。它的出发点是好的，但是因为没有从根本的户籍和身份差别入手，导致在某些情况下劳动者的利益不但没有得到保障，反倒更加恶化。为了规避无固定期限合同，大多数用人单位或者将用人期限缩减到十年以内，或者采取劳动派遣的方式，推卸相关责任。在没有新劳动法要求之前，很多合同制员工还在保持一种稳定的工作状态，反倒是有了要求之后增添了更多的变数。

3. 认同型社会的核心

认同型社会的核心是要发挥全社会的力量，而不是单纯依靠政府或者市场的力量，只有全社会都肩负起认同的责任，认同才能真正实现。

认同是中国社会运行中各种思想融合的一种必然要求，过去30年，政治领域所信仰的马列主义思想和经济领域实施的市场经济理论，以及人际关系中所奉行的文化传统之间没有很好地实现协调，缺乏一贯的指导思想。

传统的熟人信用体系被利益优先的市场行为所冲击，好人没有好报，导致文化传统的崩溃。社会主义价值观被经济利益所绑架，劣币驱逐良币，使得遵守制度的人变得可笑，以至于政治活动中出现了所谓的"两面人"。经济领域掺杂了过多的行政指令和个人贪欲，导致国有企业垄断而自肥，民营企业造假而逐利，市场在诸多领域出现失灵。由于基础规则的缺失，政治、经济和文化这三驾马车，在中国快速发展的道路上，出现了不同程度的问题。

个人、组织和社会三者认同缺失的叠加，最直接的反映就是腐败的蔓延。十八大以来，中央抓反腐是一个正确的方向，能够在最短的时间内减少由于价值混乱带来的认同丧失。腐败的核心就是对规则制度的破坏，这种破坏不仅仅使经济利益受损失，更使人和人之间、人和社会之间的认同割裂。反腐败可以重新树立个人洁身自好的认同，组织制度严明的认同，社会政治清明的认同。反腐败的实际意义在于打破原来社会形成的潜规则，重新树立起社会制度的严肃性，使得每一个人在制度规范下去争取自身的发展。

在反腐败的基础上，迫切需要进行的是深层次认同的建设，如果仅仅在抓人的层次上进行反腐，那永远解决不了根本性的问题。要消除腐败，就要从腐败的土壤入手，腐败的土壤是什么？就是人和人之间由于身份、地位的不同带来的等级与权力的不同。只有每个人享有平等的权利，而公共权力通过认同的原则来进行授予，才能从根本上消除腐败。从社会的运行来看，就是要减少对经济运行不必要的政治干预，将公共权力透明化，确保权力受到人民的监督。

　　缺少认同的组织和社会不但难以达成共识，增加社会的沟通成本，影响社会的稳定，而且会扭曲社会资源配置，对社会经济的长期发展形成威胁。值得庆幸的是，中国几千年的文化背景下，人们具有很强的凝聚力和向心力，只要当政者能够指明方向，理顺制度，还是会重新形成个人、组织和社会的认同。

　　过去几十年，中国之所以没有踏入各路专家所说的"泥沼和陷阱"里面，很重要的是依托于民众的认同，利用改革来化解各种矛盾。社会的运行需要一定的规则，而社会的发展需要一定的变革，规则和变革之间的共同点就是民众的认同。只要把握住认同这个着力点，社会就会稳定，就会有凝聚力，而稳定和凝聚力正是社会和民众之福。

图30　认同型社会的核心

　　除了在组织和社会制度建设上的缺陷导致的认同损害，我们自身的认同也要承担一定的责任。就像很多大城市现在都遇到垃圾处理的难题，也就是所谓的"邻避现象"。一方面是垃圾越来越多,需要更多的场地和设施处理;另一方面是民众的抵制,不允许把垃圾处理设施靠近自己的住所。这种矛盾积聚的结果就是把怨气转移到政府,而不去考虑每一个人应该承担的社会责任。虽然每个人都在奋斗,都在追求自己的梦想,但作为个体也应该对国家和社会承担一定的责任和义务。传统的大国理念使得每个人都认为国家的存在是理所应当的,每个人都应该受到国家的庇护。每个人只关心自己和家人的利益,至于国家和社会的问题,都持"这是我个人力所不能及"的心理;每个人都想社会更完美、更和谐,却忘了在建设过程中少不了每个人的参与。

就像有些人要倒污水,总是从自己的屋子里向外倒,自己的屋子里面很干净,但是街道上却是污水横流。无论有多少理由,这样的行为都是不符合真善美原则的。如果公共环境得不到维护,个人屋子的干净整洁也很难持续。当然,之所以有人往大街上倒污水,往往是大街已经不干净了,才形成了"我多倒一盆也不影响大局"的心理。这种倒污水的理念,最终导致的是公共环境的恶化,部分个体不负责任的行为,最终将导致相互间形成错误的认同——你不负责,我也不必负责。

在利益的驱使下,人们都在追求个人财富,却忽视了任何财富只有通过劳动付出才能获得。如果大家都想坐享其成,不去劳动就能暴富,那就只能依靠剥削和投机。对于公共环境,只要不伤害到自己,没有人愿意挺身而出,哪怕遇到多么不合情理的事情,都不会出手帮助。而一旦自己的利益受损害,首先想到的不是依托法律制度去维护自己的权益,而是用非理性来对抗社会,这样只会产生畸形的社会认同机制。

第四节 认同型社会的发展方向

第五章 解析认同型社会

中国梦

・加强共产党的领导

1. 政治制度建设

1838年林肯在演说中说:"全国普遍地越来越不把法律看在眼里,越来越倾向于以粗暴的感情代替法庭的严肃裁决,以岂止是野蛮的暴民代替法官。"他认为这样的行为影响到了美国政治制度的永世长存,他提议:"让每一个美国人,每一个热爱自由的人,每一个希望子孙后代平安顺遂的人,以独立战争的鲜血起誓,绝不丝毫违犯国家的法律,也绝不容许别人违犯法律。"反观我们现在的处境,我们也应该反思,无论社会制度如何不同,人们对于社会认同的要求是一致的。

社会虽然五彩斑斓,各不相同,却是在个人和组织的认同基础上建立起来的。社会认同是一种超越传统血缘和家庭的力量,对强者和弱者都有重要的意义。一个良好的社会环境,能够充分发挥出个人能力,而不是依靠暴力,这对于强者是有利的。在相互认同中,通过和强者的有效合作,实现自身价值和收获,这对于弱者也是有利的。

中国传统文化讲究人脉,只讲亲朋间的利益认同,不讲组织和社会间的制度认同。不但精英们要结成社会网络来攫取财富,就是最基层的民众也被各种名目的"随礼"搞的疲于奔命。由此,民众遇到问题考虑的不是制度,而是有没有人脉关系。这种不是以理性为标准而是以关系为标准的社会,导致法律、制度无法遵守,诚信无法普及。每个人有自己的关系,关系之下,什么事情都可以解决,没有关系寸步难行。人脉关系在帮助个人达到目的同时,也伤害了他人,破坏了制度,最终还是伤害到利用关系的人——自己,形成一种恶性循环。

一个社会首先要消除人为的隔阂,使每个人感受到社会的温暖和幸福,只有幸福的人才会帮助别人,然后通过帮助别人感受到更多的幸福。要实现认同，就要消除社会中存在的负能量，要限制各种不平等，尤其是制度因素导致个体在社会地位上的不同。朱元璋是历史上最亲民的皇帝，对欺压百姓的官员严惩不贷，但是百姓依然没有享受到这种亲民的好处。究其原因，最为重要的是封建制度对人有职业和等级的划分，不去给人们自我管理的自由。这种分类管理的思路还在延续，我们的就业、医疗、教育等方方面面都存在着等级和阶层，制造着新的社会矛盾，影响着社会认同。

金庸小说看多了，似乎英雄总是会得到一本秘籍或者吃点珍品，然后就武功高强，天下无敌。现实中没有秘籍和珍品，不能总是梦想出现奇迹，期待不劳而获。如果每一个劳动者都有机会提升自己的能力，都能用自己的能力去获得体面的生活所需，就能建立起全社会的个人认同。能力和成就是通过不断努力和牺牲个人短期享受实现的，不付出就没有回报。

在很多人眼中，受教育不是为了寻求真理，获得知识不是为了贡献社会，而是以此来谋取身份和显赫地位。提出认同的概念，就是要明确受教育是为了使人们，更好地沟通，更好地合作，建立更高层次的认同。服务于日趋复杂的组织和社会，光有知识和技术是不够的，还需要具有修养、勇气、思想、正直和信仰，这恰恰是很多中国人所缺少的。

从组织和社会的角度，要重视制度的落实。中国人重视面子可以说是天下第一，只要有了面子，什么事情都可以商量。而这种面子体现的往往不是平等，而是追求一种不平等，通过抬高自己从而获得别人的敬仰，这样就会感到满足。这种对面子的过分重视，恰恰是自我尊严和认同的缺失，面子已经成为了中国人接受真理并尝试富有意义的生活的障碍，只有被别人认可和羡慕，才能够活得有信心。为了自己的面子和利益，可以不顾及公平和制度，已成为中国认同缺失的重要表现。过分看重眼前的利益和虚荣，过度强调了后发优势，忽视了对制度的重视和完善，领导者根据自己的偏好制定制度，执行者根据自己的利益来选择性执行。

过去市场经济逐步推进的过程中，制度建设有了一些进步，但是还没有做到位。现在我们认识到制度也是非常重要的经济增长要素。这里面包括了制度的变迁、体制的转轨，包括了市场环境、法制条件，等等，新的改革可以创造出新的效率的改进，能够对增长做出贡献。

在社会建设层面，由于长期的贫穷和对发达国家的追赶，我们忽视了传统文化下应有的公民素质教育，不懂得恰当的举止和基本的礼貌，社会规范几乎降低到用法律这个社会底线来兜底。由于文化建设落后于经济实践本身，因此落后的理念没有被淘汰，先进的管理得不到有效的落实。守信、正直、诚实、互利这些在市场经济中重要的软品质得不到重视，对事关社会责任的企业制度漠不关心。

经济发展到一定阶段，如果没有制度的保障，就无法持续下去。我们每个人都意识到必须要重建我们的社会信任，但是关键在知行合一，重建社会说说容易，如何去做呢？根本途径还是要从认同做起。把自己看作是组织和社会的一分子，从自身去做，从个人的身体、大脑和心灵去做，从平衡它们之间的关系去做。只有建立起自我认同，才能推动组织和社会的认同。提出认同这个概念，更多的是为了促进我们从自身出发，去参与、构建一个人人受益的社会环境。

2. 经济结构建设

从根源来讲，中国文化的形成就是认同，民族和区域的逐渐融合，构成了我们现在的文化体系；社会主义理论依托的也是认同，将马克思主义普遍真理和我国具体实际结合起来，走自己的路，消灭剥削和贫富分化，实现共同富裕，这是我们的方向；市场经济也是依托于认同，自由平等的个体通过公平的规则，利用价格机制，实现个人和社会资源的有效配置。从这个意义上讲，现阶段的传统文化、社会主义和市场经济都可以用认同的思想和理论去认识，去发展。

在社会主义国家，人民是国家的主人，国家的一切权力属于人民。在《宪法》序言中提出："社会主义的建设事业必须依靠工人、农民和知识分子，团结一切可以团结的力量。"第二条提出："中华人民共和国的一切权力属于人民。"这就明确的表明，中国目前已经不再是按照身份阶层来分配权力的封建体系，而是民众具有同等权利的平等国家。

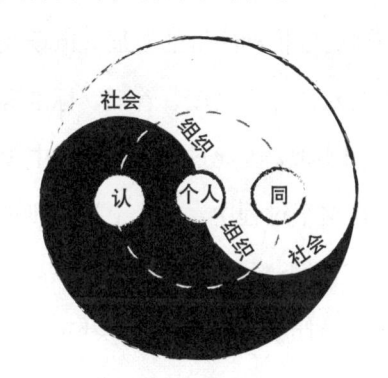

道生一，一生二，二生三，三生万物

图31 促进民众广泛参与

纵观世界，几乎甚少有像中国人这样对国家政治充满热情和参与的国家。每一项国家政策可以很快地被民众所了解，每一项人事任免可以吸引很多人的眼球，每一条政治消息可以获得大量的关注和评价，这些都充分说明不管现实操作中有什么缺憾，在民众心中，他们对这个国家的运行拥有责任和权利。这种参与感是中国政治运行的宝贵财产，值得珍惜和好好利用。民众参与一方面来源于法律所赋予的权利，另一方面也得益于中国传统中政治的重要地位。

既然有着这样广泛的参与基础，又有着崇高的历史使命，中国共产党应该把认同作为团结群众的落脚点。无论是政策的价值取向，还是阶层的利益分配，一切应该从认同的角度出发，以获得民众的支持。要想获得认同，就不能根据出身、民族、区域、阶层、职业等外在的身份去分配权利，而是要使每一个民众都享有平等的权利。同时，也不能去制定不同的规则使不同性质的组织不平等存在，使合法的社会组织处于平等的地位，共同促进社会的整体认同。

作为处在社会主义初级阶段的中国，也需要利用市场经济去调动民众的积极性，合理的分配资源，以推动经济的发展。市场经济要求参与主体的平等性、多样性、自发性，对法律、制度、管理、标准等提出了新的要求，这些要求并不能在一夜之间实现，因此过去三十年，中国的市场经济也是一个逐步完善的发展过程。在这个过程中，由于上述规则的不完善，利润驱使下的市场行为产生了大量的问题：劳动者权利被忽视，产品质量难以保证，消费者利益遭到损害，社会信任严重缺失，生存环境污染破坏，自然资源面临枯竭，道德水准不断下降。

经济发展是有自身规律的，我们重视经济建设，不是做拔苗助长的农夫，而是要做维护环境的园丁。经济规律虽然宏大，但也不是无迹可寻，它的根基就在于组织的结构和流程之中。如果组织有良好的结构方式和运行方式，组织就会有效率，就会为社会创造更多的价值，就能够将更多人的力量有效地发挥出来。如果一个组织结构出现问题，就会产生效率的损失，最终带来整个社会效益的损失。加强经济建设，需要对组织结构进行引导，使其更好地运行。

经济结构直接关联着个人的思维能力和方式，加强经济结构建设事实上就是对个人思维能力的一种调整和提升。如果不重视经济结构在社会中的主体作用，个人的思维不能根据经济的发展调整，一个组织乃至一个社会就会失去基本的竞争能力,最终成为全球竞争的失败者。

3. 文化价值建设

虽然众多西方学者认为市场经济是设计完美而自我均衡的人类组织体系,市场本身的均衡调整机制足以保证经济长期均衡运行,并可以实现资源的最佳配置,但是马克思认为,市场体制中的危机产生机制是不可避免的,周期性的世界经济危机最终会产生破坏世界市场的力量,从而撕毁这一体制。事实上各国政府都对经济作宏观的干预,以补救市场机制的缺陷,主要的手段有破除垄断、鼓励创新、规范市场和激励生产等方式。而何时干预?如何干预?则是政府永恒的难题。在认同思想下,政府干预除了依靠制度建设,最重要的是要保证分配的公平,过程的公平要靠经济自身调节。

建立认同是处理这种复杂局面的唯一方法,试图割裂或者避让的想法是行不通的。中国作为一个历史悠久的大国,如果没有与世界的交流和竞争,就无法维持自身的经济实力,也就很难保障自己的利益,因此政治和经济协调是一个不得不为的现实选择。在政治和经济的协调过程中,文化扮演着重要的角色,起着价值传递的作用。要建设认同型社会,就要把各种组织建设成为认同型组织,必须要把"己所不欲,勿施于人""己欲立而立人,己欲达而达人"的传统思想和"全心全意为人民服务"的政治素养,以及"人人为自己,上帝为大家"的市场思想结合起来,建立个人、组织和社会三者之间的平衡。

无论是什么组织的领导者,在行使组织权力时都面临着两种选择,是吸引被领导者主动去完成任务,还是要求被领导者被动完成任务,这体现着不同的文化内涵。对于实现组织目标而言,主动吸引和被动要求没有什么必然的区别,就像子女的教育,无论是打骂还是鼓励,都有可能达到教育孩子的目的。然而，从实施效果看，虽然采取被动式令行禁止能够更快地达到目标，但是主动吸引去完成的话，被领导者的行为更具有自发性和稳定性。

《道德经》里说："太上，不知有之；其次，亲而誉之；其次，畏之；其次，侮之。"领导者的最高层次是要被领导者虽然是沿着领导者确认的方向前进，却是由他自己去作出决定，也就是"不知有之"。要实现不知有之的状态，就要实现相互的认同，而要实现相互认同需要有一个过程。这个过程就是从"侮之""畏之"到"亲誉之"这样的转变。

现实社会中，文化、价值和意愿的协调是一种主动吸引的认同形成方式，它通过文化传承形成组织价值，民众自觉地奉献自己的体力和脑力，最终实现个人和社会的统一。由于存在优胜劣汰的丛林法则，市场经济必须以公平的竞争制度和完善的社会保障为支撑。

孙子兵法中说："昔之善战者，先为不可胜，以待敌之可胜。"保障制度就是竞争制度的底线。作为领导者，希望通过竞争实现优胜劣汰，提升自己组织的战斗力，更为顺利的实现自身的目标。而要想保持组织的稳定，不但要考虑到优胜者，更要照顾到劣汰者。市场经济竞争具有一定的残酷性，中国要想继续发挥市场的决定性作用，就必须完善社会保障体系。

市场经济重视规则的公平性，权威政治重视结果的公平性，二者很难得到统一，因此社会认同应该对二者进行融合。在社会制度的建设中，尽可能避免极端思想，用重视规则的公平来推动经济的发展，用重视结果的公平来维持社会的稳定。

实现认同型组织和社会是一个漫长的过程，从获得周围人的信任开始，逐步将这种信任形成主动吸引，通过不断的成功吸引更多人的加入，在一定规模的基础上，开始制定有利于自身认同的制度规则，使没有主动吸引过来的人被动服从，最终实现整体的认同。

现在回头来看三十年前的改革开放，我们都承认这是一个正确的决定，不但开创了国家经济发展的新局面，也形成了一个全民认同高涨的时代。改革开放作为一项基本国策，将市场经济的地位在一定时期内置于最高的地位，那句"发展是硬道理"的口号，得到了民众的普遍支持。过去的三十年中，无论是个人层面还是组织层面，都在一定程度上服从经济发展这个总目标。当年提出了"允许一部分人先富起来"的口号，并且在今天变成了现实。现在问题来了，我们是否允许一部分人永远富下去？这也要从认同的角度给出答案。

从传统文化的角度而言，中国是一个"不患寡而患不均，不患贫而患不安"的社会，长期的贫富差距必然会带来社会的不和谐，但是中国社会几千年来一直存在的贫富不均，也体现出民众对于现实的容忍度。从中国的政治制度而言，社会主义强调共同富裕和消灭剥削，这是一个不可改变的目标，如果仅仅是一部分人长期富下去，很难得到民众的政治认同。从市场经济角度看，贫富差距是市场竞争的结果，只要竞争规则是公平的，社会就要承认这样的结局，而社会的弱势群体需要通过社会保障制度来获得安定。

三者综合来讲，文化层面民众渴望均贫富，但是也可以接受贫富差；政治层面要求共同富裕，但是为了国家实力的增强，一部分人先富起来是一个必要的技术手段；社会层面的市场竞争可以接受贫富差距，但是一定要有公平的竞争制度和社会保障体系。

作为一个发展中的大国，中国不可能告别市场经济体系，这是不以人的意志为转移的，但是目前的贫富差距也不能无节制的发展下去，否则会影响到执政基础。因此最佳策略是将市场经济体系和社会主义政治相融合，建立起既能利用市场竞争促进经济发展，又能坚持社会主义和谐的综合体系，这也是认同思想所强调的核心。

建立这样的综合体系主要分为三个步骤：一是建立公平、透明、完善的基础制度，包括政治、经济、财政、税收、医疗、教育、知识产权和社会保障等各个方面，涵盖全体民众和社会组织，形成一种平等、自由和相互关爱的制度保障；二是建立以资本为纽带的市场经济和社会主义间的联系，将社会资本引入到国有企业中，实施混合所有制经营。同时也规定和鼓励具有一定规模的其他类型企业，向国家上缴部分股权，使形成一定规模的企业都是新的国家企业；三是打破各种区域、组织的身份限制，形成选贤任能、合理流动的人才结构，加强学习型社会建设，提升全民生产和生活素养，实现经济实力和精神信仰的同步提升。

我们假设将来有一个人，他的一生是这样度过的：从他降生在这个国度，他就享受着和其他人同等的权利，不断地学习，不断地竞争，以选择适合自己的社会定位。他可以是一个国家公务人员，为社会制度的落实恪尽职守，可以去创立自己的企业，合法经营，享有比其他人更多的财富。当他的企业达到了一定规模（譬如说是人均社会收入的一万倍），他需要将10%的分红权转移给国家职能部门，并获得相应的社会荣誉。如果有一天企业经营失败，他可以重新选择自己的职业，或者在一定期间享受国家的基本生活补贴。在他的一生中，随时都可以进入到不同类型的学校进行学习，不管是为了职业发展，还是个人素养的提升。他可能对社会的贡献很大，也可能很小，但他一定是快乐地为社会贡献自身的价值，社会也尽一切能力来使他更好地生活。

认同是人类未来发展的方向，不同的文化，不同的制度，不同的发展阶段，都可以在相互认同的过程中得到保存，得到提高。无论是几千年的文化，还是几百年的科技发展，还是几十年的社会制度，都可以在认同中得到融合。每个人都应该从自己自身认同开始，通过自己的平衡和努力，去努力实现良好的组织和社会结构，从而实现人类最终的认同。

结语：认同理论的现实思考

1. 个人

人生而平等，无论多么伟大的人物，刚生下来几乎相同。但随着年龄的增长，人和人之间的差距越来越大，我们抛开外部的环境因素不说，就是在同样的环境下，人和人也会形成比较大的差异。

是什么因素主导了这一进程？答案就是自我的认同程度。

善念、真知和美行表面看对人的影响不大，但是长期坚持下去就会有很大的不同。举个小例子，中国古代经常要看人的面相来分析人的性格和命运，其中的原因就是因为对于认同的分析。如果一个人内心充满善念，也就会经常保持一种外在的祥和表情，时间长了就会固定在面容上，增加一种亲近感。而一个人如果经常保持一种内在的恶念，面容中就会形成一种戾气，渐渐固化为一种凶相。这种转化不是一天完成的，而是在长期的生活中养成的，所以随着年龄增长，内在的修养会逐步转化为外在的面容。

知识的获取也是一样，当我们获取了一定知识之后，我们就希望获得更多的知识。而越是缺乏知识支撑的人，就越是愿意相信自己内在的判断，也就越来越封闭自己。当我们失去了对真知的追求，我们就愿意听到自己熟悉的话语，排斥新鲜的事物，失去了自身对外界客观的判断能力。打破自己的舒适区是一件痛苦的事情，而知识的获取过程就是对未知领域的不断探索，对自己舒适区的不断超越，也是一个渐进的过程。

行为的自由度来源于我们对于秩序的理解，主动的遵循制度的约束，就使我们具有了更多的自由。人类的发展过程就是一个秩序逐渐构建的过程，对公共秩序的破坏就是对人类文明的不认可。也许在个别的时间节点，个别人的行为可以从破坏秩序中获得私利，但是从长远和整体的角度而言，每个人采取美行是最为符合自身利益的做法。

善念、真知和美行是支撑我们自身的三大支柱，缺一不可。就像一张桌子，哪一条腿短了都摆不平。

有人有很强的个人能力，在社会上也八面玲珑，很会办事，但是缺少善念。这种人如果在比较低的职位上，最终大家会定义他是一个小人，如果位置比较高，就会成为曹操那样的奸雄。

"你可以在部分的时间里骗所有的人，也可以在所有的时间里骗部分人，但是你不能在所有的时间里骗所有的人。"这种人无论最终的地位高低，大家都会给他们一个统一的名字：坏人。

有人心地善良，也愿意在具体事情上帮助别人，但是缺少各方面的能力。如果发现自己是这种人，一定要尽快提高自身的能力，否则不但帮不了别人，有时候可能还要添乱。

还有人有能力，也有善心，就是缺少很好的表达方式。这样的人需要提高沟通交流的能力，好话不好好说，真的容易被误解。

认同强调的善念、真知和美行的统一，我们不但内心要为别人好，而且要有真正为别人好的手段，也有实现这些手段的具体方法。认同理论首要的作用就是全面的修炼自己，使自己的行动、思维和意愿能够得到统一，产生预期的效果。

战国时魏国丞相李悝提出过识人五法"居视其所亲，富视其所与，达视其所举，窘视其所不为，贫视其所不取"，这些都是通过行为看一个人内在的品行。如果我们没有真正的能力，也没有很好的行为方式，就不要怪别人会误解我们。抛开这些行为本身的对错不说，一个人首先应该做到的就是自身内外的一致性。

　　生活的富足、闲暇时间的增多，并没有给我们带来更多的幸福感，很大程度上是我们缺少内在和外在的统一。认同理论最基础的应用就是对我们自身的修炼，成就我们自身的幸福。

　　随着年龄的增长，我们会真实地感受到每个人都是孤独的。"花间一壶酒，独酌无相亲。举杯邀明月，对影成三人。"我们在欣赏这首唐诗的时候，可以感受到李白内心深深的寂寞。"今人不见古时月，今月曾经照古人"，我们和古人在内心的寂寞上是没有区别的。无论有多少权力和财富，人本身是寂寞的，只有认同才是获得自身幸福的源泉。

　　善念、真知、美行都很重要，但是都比不上三者的结合更重要，这种结合才是认同的精髓。人的身份本身是多元的，我们既是中国公民，也是世界公民，我们既是别人的孩子，也是别人的父母。这种多元结构使我们能够更加开放地接受更多观点，包容更多行为，但是现实中因为国籍、职位或者亲疏远近的关系，往往需要我们作出单一的选择，这就对我们提出了更大的挑战。当美国世贸大厦遭到恐怖袭击时，我们是作为一个普通人为此感到同情和愤怒呢？还是为"国际警察"遭到报复感而感到开心和解恨呢？当自己所在的企业污染了环境，我们是积极向环保部门举报呢？还是应该听从领导的指示进行隐瞒呢？

　　由于社会的发展，每个人不再是一个单一固定的身份，不同的立场和价值观在割裂着我们。如果没有认同思想的指引，我们可能觉得做出选择是困难的，但是如果我们实现了认同，我们应该能够做出正确的选择。

　　中国人特别讲究关系，同学、战友、同事、老乡，这些都是中国传统文化里人和人之间的重要联系，我们在这些关系中分享着某种相同的价值观，也在维系着某种利益关系。虽然中国已经进入到现代社会，但是这些关系还在发挥着一定的作用，影响着正常的社会运行。当我们的制度和关系发生冲突的时候，很多人会处于左右为难的状态，这时候就需要认同出来解决问题。

认同结构分为九个指标、三个层次，在不同的层次上有不同的指标结构。善念、真知和美行属于个人层面，是个人修养的基础，当个人行为和制度出现冲突的时候，个人行为应该服从于制度的要求。虽然这将会使个人的善念受到压迫，但是却不能违背组织层面的价值理念。如果无法承受这种个人意愿和组织价值之间的背离，那就要选择离开这个组织。

当前社会中存在着一个很大的问题，就是个人意愿和组织价值存在很大差异时，个人却由于各种原因继续留在组织中，导致个人认同和组织认同都得不到实现。我们强调认同，就是希望能够改变这种状况，使个人和组织各得其所。英国司法大臣 Michael gove 在竞选首相失败后说："在我政治生涯中的每一步，我都问自己一个问题，'应该做的事情是什么？你的内心告诉你什么？'"只有这样，我们才能够认同自己。从社会结构和运行的角度，这是西方思想中值得我们学习的一面。卢梭在《爱弥儿》中说："我内心深处，由天性决定，没有任何东西可以抹去。我只需要问自己我想做什么；我感觉是好的东西就是好的，我感觉是坏的东西就是坏的。"

有人说认同作为一种理论，需要用九个指标来表述太多了，不太容易掌握。这种说法有一定的道理，但是这也是一个很无奈的选择。社会太复杂了，无论是人类社会的现实结构，还是对这些结构的构建理论，都像一棵茂盛的大树，枝繁叶茂。如何看清楚这棵大树枝杈之间的关系非常困难，这些知识都是跨界的，在很多人眼里都是风马牛不相及的。我把这些知识整合到一起，就是为了建立起一个整体的意识，为个人提供一盏指路明灯。

怎么才算是建立起整体的意识了呢？就是从简单中体悟复杂，从复杂中寻找简单。譬如说有人提倡素食，我自己也想尝试。刚开始很简单，但是如果需要长期坚持下去，那我必须要知道素食到底有什么好处，我是否觉得这些好处对我有价值。当我建立起内心的价值标准，又有充分的知识了解素食的好处，再辅助于行动就会简单很多，因为我已经形成了一个自身的认同循环。这种认同循环就构成了一个人的稳定性，不会因为特殊情况发生改变。

以上的认同是建立在自愿基础上的，个人就可以自行决定，但有些时候规则来源于外部，譬如说在中国大部分的佛教寺庙里，是否素食不再是个人的爱好和选择，而是一种制度。这种制度的目标很明确，就是要限制个人的行为，这种限制如果不被个人所接受，组织和个人就需要重新选择。虽然制度限制了个人的行为，并没有从根本上解决个人内心愿意吃素食的问题，所以就有"酒肉穿肠过，佛祖心中留"的说法。

如果一个人希望在组织中有更好的发展，那就需要从价值理念入手，真正实现行为和制度的一致性。在传统社会中，人的自由度比较低，可选择范围比较小，所以组织价值的重要性要低于组织制度的重要性。现代社会给予个人更多选择，组织价值就变得更加重要，领导者不能单凭组织制度去约束个体，而是要从价值理念的角度去引导个体。尤其需要注意的是，组织价值不是个人唯一的选择，即组织不能承担个人价值多元化向单一化转化的职责。

我们观察一个组织运转是否良好，可以看它的价值理念、结构流程和制度建设是否匹配。一般而言，三者匹配的组织是竞争力强的组织，反之则是竞争力弱的组织。只要我们能够建立起这样的观察思考模型，就可以对组织有一个整体的认识和分析。

对于个人而言，认同理论还教给我们认识和观察世界的方法。当我们看到一项国家政策出台，或者是一件国际事件发生，我们怎么去评判呢？我想用认同观点就是一个很简单实用的视角。

对于政治事件，从认同的视角来看，因为政治、制度和行动是对秩序和公平的保障，所以凡是推动人和人之间，组织和组织之间平等、公平和有序的事件一般就是好事情；反之，凡是制造人和人之间，组织和组织之间不平等、不公平和破坏秩序的事件一般就是坏事情。

对于经济事件，从认同的视角来看，因为经济、结构和思维是对效率和速度的体现，所以凡是推动个人能力、组织效率和社会经济发展的事件一般就是好事情；反之，凡是限制个人能力、降低组织效率和阻碍经济发展的事件一般就是坏事情。

对于文化事件，从认同的视角来看，因为文化、价值和意愿是对交流和传承的体现，所以凡是推动个人自由、组织凝聚和社会和谐的事件一般就是好事情；反之，凡是限制个人自由、破坏组织凝聚和影响社会和谐的事件一般就是坏事情。

以上这只是对三者分隔开来的看法，真正的现实比这要复杂得多，所以要用认同的观点，综合看三个层次、九个指标间的互动关系。掌握了认同思想理论，要认识复杂的社会也不是一件特别难的事情。

综上，认同理论对个人而言，对内是一种修身的方式，对外是一种观察和掌握世界的方法。在认同的指引下，我们可以做好以下几件事：

（1）增强自己的善念，用善念来充实自己的意愿，在对外的沟通交流中注意善念的存在，随时觉察外部是否接收到我们的善念。

（2）增强自己的真知，用真知来充实我们的思维，敢于打破固有的心智模式，借鉴和吸收外部不同的声音，随时觉察自己是否保持开放的状态。

（3）增强自己的美行，用美行来充实我们的行动，将内心的善念和真知用符合外界接受的方式表达出来，随时保持和外部行为上的互动。

（4）实现善念、真知和美行之间的正向循环，将这种循环变成自身修养的一部分，保持自我内在的安宁和愉悦。

（5）将自身的意愿和组织价值、思维和组织结构、行动和组织制度进行对比，选择适合自己的组织，保持自身的独立性。

（6）在组织选定的情况下，努力将自身和组织进行匹配，发挥自身真知，争取个人和组织的共同发展。

（7）用认同理论去分析政治、经济和文化之间的关系，形成自身对于社会发展状况的判断，进而从宏观上进行判断选择。

2. 组织

组织是一部分人为了共同目标的集合体，他们共有着同样的价值理念，共享着同样的组织资源，共守着同样的组织制度。认同理论对于组织来讲，就是实现价值、结构和制度的统一，从而增强组织的凝聚力和竞争力，实现组织的共同目标。

组织作为个人和社会之间的联系平台，很大程度上受个人认同和社会认同的影响。在目前的情况下，由于社会结构的差异，各类组织之间存在着明显的不平等状态，这就为形成认同型组织制造了非常大的环境障碍。如果每个人在社会中的不同位置不是由自身能力来决定，而是由其所在的组织决定，这就从根本上动摇了认同的基础。

更需要注意的是，在中国有大量人口处于事实上的无组织状态。目前有超过六亿人生活在农村，这些人基本上处于自我管理的状态，虽然有村民委员会等基层组织，但是这些组织只是维护着基本的秩序。另外在城市中生活的近八亿人当中，也有接近三亿的流动人口，这些人员虽然有临时性的组织，但是大多数处于一种简单的劳动雇佣关系，缺乏实质性的组织关系。综合起来看，中国有超过一半的人员没有加入到真正的组织中，也就更谈不上建立认同型组织了。

因为现代组织的缺乏，在经济上形成了大量的劳动力浪费，降低了中国整体的劳动生产效率，抑制了人均收入的提高，拉大了贫富差距。这种缺乏组织归宿的状态影响了个人认同的塑造，导致组织在人员聘用中缺乏对人平等的态度，譬如户籍要求；在人员使用中缺乏公平的态度，譬如不同的聘用形式；在人员晋升中缺乏绩效评价的标准，譬如职称评定。这些都导致了组织很难真正实现认同。

以上这些问题，虽然表现在组织建设上，实际的根源在社会建设上，只有从社会建设的角度入手，才能从根本上获得解决。社会建设又和国家发展战略定位具有直接的关系，这种调整需要更长的时间。我们先把焦点定位在已经存在的组织中，尽可能在现有的组织中建立起认同。

在现代组织中，组织因为肩负的使命不同，组织目标和运行方式就会有很大的不同。政治组织和经济组织有着完全不同的定位，所以其规律很难一概而论，但是不同的组织也有着一些共同的特征。譬如无论什么类型的组织，成功与否的核心都取决于人，因此如何选择人、留住人、激励人、用好人是一个组织最为重要的工作。

组织怎样选择人？第一是看是否有个人认同能力，第二是看是否和组织认同相匹配。

从善念、真知和美行三个维度对一个人进行考察，我们可以初步判断一个人的自我认同能力。因为每个人的生活环境和成长历程不同，认同能力有强有弱是一个正常的现象，关键是看未来实现认同的潜力。由于现实社会的影响，有些人的内在核心遭到了破坏，缺乏学习和开放能力，很难实现认同。言谈举止中充满戾气，目空一切，将身边人分为三六九等，见人说人话，见鬼说鬼话，这样的人对任何组织而言都不可取。

即使能够实现认同，也并非各方面都完美，组织需要根据每个人不同的短板，帮助他们实现认同。通过组织价值观的渗透，培养个人内在的善念；通过组织结构流程的设计，引导个人对真知的追求；通过组织制度的要求，规范个人行为的秩序。一个组织成员的成长过程，就是一个组织自我生长的过程，好的组织就是一所学校，每一个人都能够在这里自我完善。与此相反，有一些基于坏的价值理念的组织，就会使每一个组织成员受到不良因素的影响，成为社会发展的阻力。

在组织对人的选择上，知识和品质等方面的测试方法已经有很多，我们不再更多地讨论，主要就认同方面做一点探讨。

认同理论中文化、价值和意愿是引领因素，其中个人的善念能否得到发挥，是组织需要考虑的一个重要问题。从岗位设置到岗位目标，都要围绕着个人意愿和组织理念的衔接来进行。如果个人对岗位蕴含的价值理念没有兴趣，那就很难真正实现个人和组织的对接，也就会掺杂其他的动机，可能会带来执行上的偏离。

在确认个人对岗位价值理念认同的基础上，我们还需要看意愿、思维和行动上的自洽性，也就是能否形成一个认同循环。在认同循环运行良好的情况下，个人就会在组织结构中结合自身能力进行提升转换，成为组织发展需要的储备人才，反之就会停留在某个固定的位置上，影响组织的发展。

现代组织的竞争已经不再是领导者之间的竞争，而是组织运行体系和队伍之间整体的竞争，所以组织成员都面临着非常大的压力，需要获得组织的信任和授权。一个运行良好的组织必然是一个授权清晰的组织，每一个人都可以根据其授权权限做出及时的决策，这就要求组织成员实现对组织的认同。

组织需要平等对待每一个成员，根据其自身的特点确定其在组织中的位置，并根据自身的发展确定其职业规划。当自身能力和岗位得到匹配，个人也就形成了和组织之间的正向联系。

　　从组织价值来看，应该是组织成员整体善念的集合，因此应该具有更大的善意。我们观察一个组织是否能够建立起认同，首先就要看组织价值是否是一个基于善念集合的平台，基于恶念的价值理念是不可能形成组织认同的。这一点我们可以从那些盗窃、杀人团伙的覆灭中得到教训，这些组织中的成员在恶的价值理念下，钩心斗角、尔虞我诈，最终都不得善果。

　　历史也是不断呈现这样的案例：发于卒伍的刘邦不妄加杀戮，普行仁善，结果几乎兵不血刃的进入关中。而后更是在屡败屡战中击败项羽，成为一代帝王。出身于贵胄的项羽，不能体会底层士兵的艰难，不懂得尊重生命，不但在战场上耀武扬威，而且竟然一次杀降兵二十万。这种毫无善念的领导者，使人们清楚地看到楚军的暴虐，最终毫无悬念的兵败乌江。从楚霸王项羽身上我们看到，一个人如果没有善念，他的能力越强，对组织的价值理念影响越大，对组织的伤害就越大。

　　在人类历史上，强大的组织数不胜数，但是长寿的组织寥寥无几。究其原因，靠领导者的宏才伟略成就的组织是不长久的，秦皇汉武、唐宗宋祖、成吉思汗都是"其兴也勃，其亡也忽"。真正长寿的组织是依靠价值理念取胜的，只要人类还有善念传承，组织的灵魂之火就不会熄灭。

　　当我们确定了组织的价值理念，我们需要进一步确定组织的结构和流程。认同型组织的特征，首先是能力和权力的匹配，如果一个组织中能力和权力不匹配成为主流和常态，那么就可以判定其不可能是认同型组织。同时在认同型组织中，组织权力是分散在各个不同层次和结构里的，每一个岗位都可以根据组织的授权进行决策。如果一个组织中，在面临外部情况变化时，没有人可以做出决策，只能将问题上交，那也就可以判定其不可能是认同型组织。譬如，当顾客提出菜品有问题时，不用值班经理出现，服务员就可以决定更换、打折乃至免单的餐厅，一定比必须老板出现才能解决问题的餐厅更有生命力。

能力和权力如何匹配？一定要在业务竞争中解决。组织中应该形成一种积极实现价值理念的激励和评价体系，使愿意为组织服务的人能够得到正确对待。组织岗位不是根据领导者的偏好来分配，而是根据对组织价值的贡献来分配。这种分配不但是岗位和权力，而且包含组织所具有的一切资源。必须要明确组织资源属于全体成员，而不是个别人的恩赐，才能促进组织形成认同。

最终对组织认同的判定来源于组织制度。作为一个组织，组织制度是全体成员需要共同遵守的原则，用以维护组织运行的秩序。随着外部环境的变化，组织制度也需要进行调整，以适应组织价值和结构的调整。我们知道组织制度只能保障基本的底线和秩序，不可能保证组织价值的实现，因此好的制度只是对行动的约束和规范，而不是面面俱到。一个组织如果把制度建设的像蜘蛛网一样密集，那么离失去生命力就不远了。

人类科技在推动着组织的变迁，对于组织成员的束缚已经不是组织的优势，而是组织的劣势。只有通过制度、结构和价值共同塑造的队伍，才有可能适应环境、创造未来，也才有可能成长为认同型组织。

3. 社会

社会最为可怕的事情就是割裂，各种原因都会导致割裂的产生，有时候因为地域，有时候因为贫富差距，有时候因为权力分配，有时候因为宗教信仰。这些割裂不但会降低社会运行效率，削弱人们的幸福感，甚至会带来社会的动荡和战争。

社会无疑是认同理论最大的受益者，这是因为社会的复杂程度是任何一个单一学科的理论难以覆盖的，也是任何一个聪明的头脑无法设计和规划的，只能通过个人和组织的认同，来实现社会的正常运行。一个社会最好的状态就是政治、经济和文化的相互协调，各类组织和个人平等相处，善念、真知和美行得到最大的发挥。

地球上有七十亿人，就有七十亿个意愿，这些不同的意愿进行排列组合，又形成无数个组织价值理念，这些价值理念在不同的地域和种族传播，又形成了不同的文化环境。

很多时候人类之间的冲突并非基于利益，而是因为不同文化背景下的价值理念差异导致的。当我们为某件事情吵得面红耳赤的时候，我们有必要静下来想一想，我们之间有共同的价值理念吗？如果没有，那就不要再争论下去了，因为我们根本就在争论不同的事情。

认同不是要求所有人的价值理念完全统一，而是用个人的善念去包容对方的善念。即使同样是素食者，有人是因为健康，有人是因为信仰，也有人仅仅是因为囊中羞涩，当我们一定要将自己的行为方式强加于人的时候，我们就失去了认同的基础。

大狗要叫，小狗也要叫，如果这个世界只允许大狗叫，那么大狗也会觉得没有意思。我们倡导内在的善念，只要是善念都可以表达出来，哪怕表达的方式很奇特。有的组织追求财富，有的组织追求权力，有的组织追求知识，只要在善的指引下，他们之间没有什么实质性的不同。

社会的结构是由无数个组织和思维组成的，它是人类发展的动力和希望所在。人类的自由是自身斗争的结果，人类的不自由也是人类自身束缚的原因，人类的天敌就是人类本身。某些人为了自身的利益，通过一定的结构形式来钳制其他人的思维，从而形成自己私利所用的组织形式。经过数万年的进化，尤其是近几百年的整体觉悟，人类已经彻底走出了专制的蒙昧。

社会的结构如此复杂，我们已经放弃了对社会细节的设计，只是在整体上警惕出现人类之间的战争、剥削和压迫。政治和经济各有分工，而经济是社会生产体系的总设计师，为组织和个人提供不同的定位和连接。

我们不再为组织结构和制度忧虑，因为不适合社会发展的组织自然就会被社会所淘汰，它们所形成的结构方式和制度也会被抛弃，但是我们开始为不同结构之间的融合，不同制度之间的衔接忧虑。当我们充分相信市场这只看不见的手的时候，这只手悄悄地拉大了人和人之间的贫富差距。当我们开始使用政府这只看得见的手的时候，这只手却肆意地破坏着社会运行的基本原则和规律。如果不尽快实现认同，协调个人、组织和社会之间的关系，如果市场只是一个"面包"市场、"面粉"依旧掌握在政府手里的话，那么社会就会被政治和经济的双重惩罚所割裂。

虽然不能否认科技在社会发展中的价值和作用，但是真正决定一个社会发展水平的只能是劳动生产率。一个社会的认同要在文化、经济和政治层面共同推动劳动生产率的提升。

要提高劳动生产率，首先要提高劳动者的劳动技能。

从个人的角度而言，要积极实现自身认同，在劳动技能、知识能力和个人素养方面全面的提高自己。世上没有什么救世主，劳动者要依靠自己来拯救自己，财富不会从天而降。

从组织的角度而言，要从制度到结构鼓励人们提升自己的知识和能力，用劳动成果来激励劳动者发挥自身的价值。建立起劳动生产率的意识，要让有能力的人得到物质上的回报，用市场的力量来督促人们提升自己。

从社会的角度而言，要加大在劳动技能培养上的投入，使愿意进步和提高的人可以用比较小的代价，获得比较大的回报。让职业教育回归教育的本质，真正教给人技能，带来实际的劳动生产率的提高。

要提高劳动生产率，还要提高劳动者在社会结构中的地位。

一段时间以来，我们重视科学技术，重视知识教育，极大地提高了中国社会的知识结构和整体素质，但是也变相地忽视了劳动者的社会地位。在一定的国家战略下，我们要和世界主要的发展中国家竞争，必然需要更多地科学技术投入，这是无可厚非的，但是在经济发展到一定阶段，如果忽视了大多数劳动者的利益，不能为全体国民造福，科学技术的发展也就失去了最根本的意义。

在人口红利逐步消失的情况下，中国要实现国民收入的提高，只能从提高劳动生产率入手，否则就成了纸面游戏。现在很多城市和机构采取人才差别化策略，争取更多的科技人才落户，这在一个局部是无可厚非的，但是作为一个国家，一个全体民众整体的栖身地，需要采取一视同仁的政策。不让一个人落后于社会的发展，是一个现代国家的基本态度。

一个公司不可能大家都是科学家，一个大学不可能大家都是教授，但是大家都是这个组织的一员，都需要分享这个组织的劳动成果，都需要有一个平等的身份，都需要有一份体面的收入。一个组织的领导者如果不能建立起这样的价值理念，就很难说他具有善念、真知和美行，就很难说他实现了认同，更不可能带领组织实现认同。

在具体的社会运行中，由于认同的缺乏，导致人和人之间的关系产生了实质上的不平等。这种不平等在权力所有者一方体现为权力的寻租，在权力缺失者一方体现为对"关系"的迷信。这两者之间的合谋首先表现为对制度的破坏，其次就是功利主义导致的整个社会文化的溃散。

要杜绝"关系"首先要建立起制度的严肃性，要维护制度的严肃性就要确立制度、结构和价值之间的认同，也就要消除组织和组织、个人和个人之间的不平等关系。虽然这个过程对很多组织来讲是一个痛苦的过程，但是为了大家生活在一个轻松的环境里，一切努力都是值得的。

最后读一个故事：桓公读书于堂上，轮扁斫轮于堂下，释椎凿而上，问桓公曰："敢问：公之所读者，何言邪？"公曰："圣人之言也。"曰："圣人在乎？"公曰："已死矣。"曰："然则君之所读者，古人之糟粕已夫！"桓公曰："寡人读书，轮人安得议乎！有说则可，无说则死！"轮扁曰："臣也以臣之事观之。斫轮，徐则甘而不固，疾则苦而不入，不徐不疾，得之于手而应于心，口不能言，有数存乎其间。臣不能以喻臣之子，臣之子亦不能受于臣，是以行年七十而老斫轮。古之人与其不可传也死矣，然则君之所读者，古人之糟粕已夫！"

"一千个人眼里有一千个哈姆雷特"，认同理论虽然说了很多，但是更多地需要每个人自己去体会，我相信现实中大家会有更多独到的认识，来建立起自己的认同理论。

参考文献

[1] 孙武. 孙子兵法:(春秋)孙武撰;(三国)曹操注 [M]. 王可峰,译. 北京:中国言实出版社,2013.

[2] 梭罗 H. D.. 瓦尔登湖 [M]. 王义国,译. 合肥:安徽文艺出版社,2015.

[3] 马克思,恩格斯. 共产党宣言 [M]. 中共中央马克思恩格斯列宁斯大林著作编,译局编译. 北京:人民出版社,2014.

[4] 刘辉. 认同:领导力的秘密 [M]. 北京:知识产权出版社,2012

[5] 刘辉. 认同型组织:个人和社会的连接 [M]. 北京:知识产权出版社(第一版),2013.

[6] 马克思. 资本论 [M]. 王亚南,译. 北京:北京联合出版公司,2014.

[7] 吕氏春秋 [M]. 张双棣,译注. 北京:中华书局,2016.

[8] 孔子家语 [M]. 王国轩,王秀梅,译注. 北京:中华书局,2014.

[9] 孟轲. 孟子 [M]. 万丽华,蓝旭,译注. 北京:中华书局,2016.

[10] 皮凯蒂. 21世纪资本论 [M]. 巴曙松,译. 北京:中信出版社,2014.

[11] 柏拉图. 理想国 [M]. 刘国伟,译. 北京:中华书局,2016.

[12] 马克斯·韦伯. 中国的宗教:儒教与道教 [M]. 康乐,简惠美,译. 广西:广西师范大学出版社,2010.

[13] 亚当·斯密. 国富论[M]. 郭大力,王亚南,译. 北京:商务印书馆,2015.

[14] 沈原. 市场、阶级与社会转型社会学的关键议题 [M]. 北京:社会科学文献出版社, 2007.

[15] 理查德·L. 达夫特. 管理学 [M]. 上海:机械工业出版社,1998.

[16] 南怀瑾. 原本大学微言 [M]. 上海:复旦大学出版社,2002.

[17] 飞利浦·鲍尔. 预知社会——群体行为的内在法则 [M]. 暴永宁, 译. 北京: 当代中国出版社, 2007.

[18] 理查德·H. 霍尔. 组织: 结构、过程及结果 [M]. 张友星, 刘五一, 沈勇, 译. 上海: 上海财经大学出版社, 2003.

[19] 斯蒂芬·P. 罗宾斯. 组织行为学 [M]. 孙健敏, 李原, 译. 北京: 中国人民大学出版社, 2005.

[20] 陈玲. 制度、精英与共识: 寻求中国政策过程的解释框架 [M]. 北京: 清华大学出版社, 2011.

[21] 约翰·N. 德勒巴克, 约翰·V. C. 奈. 新制度经济学前沿 [M]. 张宇燕, 译. 北京: 经济科学出版社, 2003.

[22] 李安纲. 玄参道德经 [M]. 北京: 中国社会出版社, 2005.

[23] 李泽厚. 论语今读 [M]. 北京: 生活·读书·新知三联书店, 2005.

[24] 习近平总书记系列重要讲话读本 [M]. 北京: 中共中央宣传部, 2016.

[25] 保罗·C. 纳特、罗伯特·W. 巴可夫. 公共和第三部门组织的战略管理: 领导手册 [M]. 北京: 中国人民大学出版社, 2002.

[26] 哈罗德·D. 拉斯韦尔. 政治学 [M]. 杨昌裕, 译. 北京: 商务印书馆, 2005.

[27] 彼得·圣吉. 第五项修炼学习型组织的艺术与实践 [M]. 张成林, 译. 北京: 中信出版社, 2014.

[28] 孙立平. 博弈断裂社会的利益冲突与和谐 [M]. 北京: 社会科学文献出版社, 2006.

[29] 约翰·米尔斯海默. 大国政治的悲剧 [M]. 王义栀, 唐小松, 译. 上海: 上海人民出版社, 2011.

[30] 徐洪兴. 孟子直解 [M]. 上海: 复旦大学出版社, 2004.

[31] 钱穆. 中国历代政治得失 [M]. 北京: 生活·读书·新知三联书店, 2005.

[32] 尼科洛·马基雅维里. 君主论 [M]. 潘汉典, 译. 北京: 商务印书馆, 2005.